# LES
# ÉMIGRANS

## (LA COLONIE DU KANSAS)

PAR

### ÉLIE BERTHET

auteur de

La Bête du Gévaudan, les Catacombes de Paris, la Tombe Issoire, le Garde chasse, le Garçon de Banque, la Marquise de Norville, etc., etc.

III

## PARIS
L. DE POTTER, LIBRAIRE-ÉDITEUR
RUE FONTAINE MOLIÈRE, 27.

# LES ÉMIGRANS

(LA COLONIE DU KANSAS)

# NOUVEAUTÉS EN LECTURE

DANS TOUS LES CABINETS LITTÉRAIRES.

**Une Femme à trois visages,** par Ch. Paul de Kock, 6 vol. in-8.
**Une Existence Parisienne,** par M<sup>me</sup> de Bawr, 3 vol. in-8.
**Les Yeux de ma tante,** par Eugène Scribe. 3 vol. in-8.
**Les Exploits de Rocambole,** par Ponson du Terrail. 8 vol. in-8.
**Le Bonhomme Nock,** par A. de Gondrecourt. 6 vol. in-8.
**Le Vagabond,** par L. Enault et L. Judicis. 4 vol. in-8.
**Les Ruines de Paris,** par Charles Monselet. 4 vol. in-8.
**Les Viveurs de Province,** par Xavier de Montépin. 6 vol. in-8.
**Les Coureurs d'Amourettes,** par Maximilien Perrin. 3 vol. in-8.
**La dame au gant noir,** par Ponson du Terrail. 8 vol. in-8.
**Les Émigrans,** par Élie Berthet. 5 vol. in-8.
**Les Cheveux de la reine,** par madame la comtesse Dash 3 vol. in-8.
**La Rose Blanche,** par Auguste Maquet, 3 vol. in-8.
**La Maison Rose,** par Xavier de Montépin, 6 vol. in-8.
**Le club des Valets de Cœur,** par Ponson du Terrail, 8 vol. in-8.
**Monsieur Cherami,** par Ch. Paul de Kock, 5 vol. in-8.
**L'Envers et l'Endroit,** par Auguste Maquet. 4 vol. in-8.
**Les Drames de Paris,** par Ponson du Terrail, 9 vol. in-8.
**Le Prix du sang,** par A. de Gondrecourt. 5 vol. in-8.
**Nena-Sahib,** par Clémence Robert. 3 vol. in-8.
**La Reine de Paris,** par Théodore Anne. 3 vol. in-8.
**Un ami de ma femme,** par Maximilien Perrin. 3 vol. in-8.
**La Maison mystérieuse,** par mad. la comtesse Dash. 4 vol. in-8.
**Le Bossu,** aventures de cape et d'épée, par Paul Féval. 5 vol. in-8.
**La Bête du Gévaudan,** par Élie Berthet. 5 vol. in-8.
**Les Spadassins de l'Opéra,** par Ponson du Terrail. 8 vol. in-8.
**Le Filleul d'Amadis,** par Eugène Scribe. 3 vol. in-8.
**La Louve,** par Paul Féval. 6 vol. in-8.
**Les Folies d'un grand Seigneur,** par Ch. Monselet 4 v. in-8.
**La Vieille Fille,** par A. de Gondrecourt. 4 vol. in-8.
**Le Masque d'Acier,** par Théodore Anne. 4 vol. in-8.
**Le Juif de Gand,** par Constant Guéroult, auteur de *Roquevert l'Arquebusier.* 4 vol. in-8.
**La Princesse Russe,** par Emmanuel Gonzalès. 2 vol. in-8.
**La Fille Sanglante,** par Charles Rabou. 4 vol. in-8.
**La Belle Provençale,** par le vicomte Ponson du Terrail. 6 v. in-8.
**Dettes de Cœur,** par Auguste Maquet. 2 vol. in-8.
**Le Tigre de Tanger,** par Paul Duplessis, et A. Longin. 5 v. in-8.
**Le Médecin des Voleurs,** par Henry de Kock. 4 vol. in-8.
**La Tour Saint-Jacques,** par Clémence Robert. 4 vol. in-8.
**L'Homme de Fer,** par Paul Féval. 5 vol. in-8.
**Les Chevaliers errants,** par Féré et St-Yves. 4 vol. in-8.
**Le Guetteur de Cordouan,** par Paul Foucher. 3 vol. in-8.
**Les Petits Bourgeois,** par H. de Balzac. 4 vol. in-8.
**Le Pêcheur de Naples,** par Eugène de Mirecourt. 4 vol. in-8.
**Le vicomte de Chateaubrun,** par Gabriel Ferry. 2 vol. in-8.
**La Famille Beauvisage,** par H. de Balzac. 4 vol. in-8.
**Le Château de la Renardière,** par Marie Aycard. 4 vol. in-8.

**Pour la suite des Nouveautés, demander le Catalogue général qui se distribue gratis.**

Paris. — Imp. de P.-A. Bourdier et C<sup>ie</sup>, 30, rue Mazarine.

# LES
# ÉMIGRANS

## (LA COLONIE DU KANSAS)

PAR

### ÉLIE BERTHET

auteur de

La Bête du Gévaudan, les Catacombes de Paris, la Tombe Issoire, le Garde chasse, le Garçon de Banque, la Marquise de Norville, etc., etc.

III

PARIS

L. DE POTTER, LIBRAIRE-ÉDITEUR

RUE FONTAINE MOLIÈRE, 27.

Droits de traduction et de reproduction réservés.

1860

LES
# VIVEURS DE PROVINCE
PAR
## XAVIER DE MONTÉPIN.

Tout le monde connaît les *Viveurs de Paris*, l'un des livres les plus populaires et les plus célèbres de notre époque, l'un de ces romans dont le succès a marqué la place à côté des *Mystères de Paris*, des *Mousquetaires* et des *Parents pauvres*. L'auteur de ce chef-d'œuvre nous donne aujourd'hui la suite, ou plutôt la contre-partie de cette magnifique étude des mœurs parisiennes. Après avoir photographié les tableaux changeants et pittoresques de la grande ville, après avoir mis sous les yeux de ses innombrables lecteurs les drames et les scandales de la reine du monde, il va nous initier aux émotions et aux mystères de cette vie de province, bizarre et peu connue, même des provinciaux.

Jamais la plume de l'écrivain, si fécond et si aimé du public, ne s'est montrée mieux inspirée. Tour à tour dramatique, touchante et comique, elle raconte avec un art infini, avec une habileté merveilleuse, les péripéties multiples d'une histoire vraie et terrible, pleine d'intérêt et d'émotion.

Nous croyons pouvoir prédire un succès immense et mérité aux *Viveurs de province*, cet indispensable complément des *Viveurs de Paris*.

---

# LES ÉMIGRANTS
PAR
## ÉLIE BERTHET.

Parmi les romanciers les plus estimés de notre époque, M. Elie Berthet a su conquérir une place à part. Ses ouvrages, pleins de naturel, de vérité, de bon sens, paraissent être plutôt des histoires que des romans. Il ne donne pas dans le travers de certains autres écrivains en vogue, qui, à force de complications, d'événements bizarres et impossibles, arrivent à produire des œuvres aussi obscures, aussi peu intelligibles que déraisonnables. Sa manière est celle du grand romancier anglais Walter Scott, auquel on l'a comparé plusieurs fois; et, comme Walter Scott, tous ses ouvrages sont frappés au coin d'une moralité rigoureuse. Sans écarter les passions violentes, les fautes, les crimes qui existent dans la société humaine, et qui sont un des éléments de l'intérêt dramatique, il ne manque jamais de les blâmer et de les flétrir. Aussi l'appelle-t-on le *romancier des familles*, et, en effet, tout le monde peut lire ses ouvrages, sans crainte de se souiller l'imagination, d'altérer son sens moral ou de s'endurcir le cœur.

Ces qualités de M. Elie Berthet sont surtout apparentes dans le beau roman *les Émigrants*, que nous publions aujourd'hui. L'histoire est si simple, si vraie, si touchante, qu'elle semble réelle, et l'on croirait que le romancier a reçu les confidences de quelqu'unes de ces pauvres familles qui abandonnent leur sol natal pour aller chercher au loin une vie plus douce et plus prospère. Les causes ordinaires de l'émigration, les fatigues et les dangers auxquels s'exposent les émigrants, leurs illusions naïves, leurs mécomptes, et souvent les catastrophes auxquelles ils succombent, sont exposés avec une grande puissance et avec le plus vif intérêt. Aussi ne doutons-nous pas que le nouvel ouvrage de l'auteur des *Catacombes de Paris*, des *Chauffeurs*, du *Garde-Chasse* et de tant d'autres romans qui ont mérité la faveur du public, n'obtienne en librairie un immense succès.

# CHAPITRE PREMIER.

## I.

**La rencontre (Suite).**

Le fuyard avait descendu avec une rapidité vertigineuse la colline que couronnait l'habitation de Reber, et il venait de s'engager sur un terrain accidenté, situé entre la colline et la forêt. Or, les colons avaient creusé là un fossé assez large, destiné à conduire les eaux du ravin dans les défrichements. Ce fossé en ce moment était rempli de neige à demi fondue, qui le mettait de niveau avec le sol environnant. L'Indien, tout occupé de surveiller ses ennemis et d'ajuster une nouvelle flèche à son arc, ne vit pas l'obstacle. Quand il atteignit le fossé, son pied ne rencontra que le vide, et il tomba. La rapidité même de sa course donna une extrême violence au choc ; son front heurta contre une pierre, et il demeura étourdi sur place.

— Alerte! alerte! s'écria Tête-de-Feu; entourons-le... Il est à nous.

Schmidt se débarrassa de son fardeau pour ne garder que sa carabine, tandis que Reber abandonnait son cheval à lui-même, et tous deux coururent avec Tête-de-Feu vers l'endroit où venait de tomber le sauvage. Celui-ci n'avait pas tardé à revenir de son étourdissement; il se relevait en chancelant, et il agitait son arc qui s'était brisé dans sa chûte, quand il se vit entouré de trois hommes armés qui le menaçaient de mort au moindre mouvement.

Il n'essaya plus de fuir ou de se défendre. Les guerriers rouges ne connaissent pas ces sentiments chevaleresques qui poussent parfois les Européens à une entreprise évidemment impossible ou inutile. Aussi parut-il se résigner à son sort et prit-il cette attitude morne par laquelle un Indien annonce qu'il se rend.

Tête-de-Feu s'empressa d'enlever l'arc et le tomahawk de son prisonnier.

— Nous le tenons enfin! s'écria-t-il avec un accent de triomphe. Mais surveillez-le bien, mes amis : cette soumission peut n'être qu'une ruse... Il serait capable de vous planter son couteau à scalper dans la poitrine avant que vous eussiez vu le mouvement de ses doigts... Aussi vais-je y mettre ordre, et il sera bien fin s'il parvient à jouer des mains sans ma permission!

Il tira de son vieux carnier une corde qui lui servait à lier son cheval au piquet dans les campements, et garotta les bras de l'Indien avec une dextérité qui témoignait d'une grande habitude.

— Qu'en ferons-nous maintenant ? demanda Reber.

— Nous allons le conduire à votre log-cabin, répliqua Tête-de-Feu avec résolution ; là, je l'interrogerai, et il m'expliquera peut-être ce qu'il voulait faire dans les défrichements. Il importe surtout que nous nous assurions s'il n'appartient pas à une tribu ennemie, et s'il n'a pas dans le voisinage des camarades auxquels il est chargé de servir d'éclaireur.

Schmidt ne connaissait pas Tête-de-Feu, et il ne savait jusqu'à quel point ce personnage méritait la confiance. Il dit bas au colon, avec inquiétude :

— Avez-vous songé, Reber, qu'en introduisant ce sauvage dans notre demeure, nous lui apprendrons ainsi combien nous sommes faibles et peu nombreux ?

— Rapportez-vous-en à notre nouvelle

connaissance, mon cher Schmidt, répliqua le colon en souriant; il sait mieux que personne comment il faut agir en pareille circonstance. C'est cet ami courageux et dévoué de M. Girard, que nous avons tant cherché : c'est Tête-de-Feu.

—Tête-de-Feu! s'écria Schmidt, dont la figure s'épanouit, ah! monsieur, le ciel vous envoie à notre secours dans les mortels embarras où nous nous trouvons!

—Oui, oui, mes chers compatriotes, reprit le coureur des bois en serrant un dernier nœud, vous pouvez vous fier à mon expérience. Entre nous, si nous ne jouons pas serré dans cette affaire, vous risquez d'y perdre vos bestiaux, vos bâtiments et peut-être vos chevelures. Rentrons bien vite; voici la nuit, et cet Indien peut avoir autour de nous des complices en embuscade. Vous, monsieur Schmidt, reprenez votre panier et tenez votre carabine prête; vous, Reber, conduisez votre cheval par la bride et soyez sur vos gardes; je me chargerai bien seul de faire marcher ce scélérat de peau rouge, s'il montre de la mauvaise volonté... Mais hâtons-nous de nous mettre à couvert derrière les palissades, car on ne sait ce qui peut arriver.

Il dit quelques mots à l'Indien pour lui ordonner de marcher. Celui-ci n'eut pas l'air de comprendre l'idiome qu'on lui parlait; mais Tête-de-Feu lui ayant indiqué d'un geste énergique le sommet de la colline, le prisonnier le suivit sans résistance. Reber et Schmidt venaient ensuite, et, chemin faisant, le colon expliqua en peu de mots à son compagnon comment il avait rencontré le coureur des bois.

# CHAPITRE DEUXIÈME

II.

Le prisonnier.

Cependant, au bruit du coup de carabine tiré par le coureur des bois, et surtout aux cris poussés par Reber, Kretlc et Julia avaient pris l'alarme dans l'habitation. Du haut d'une roche élevée au-dessus des palissades, elles avaient vu, sans les comprendre, toutes les péripéties de la lutte qui s'était terminée par la prise de l'Indien. Quand les voyageurs atteignirent la clôture extérieure, ils n'eurent pas besoin d'employer le signal ordinaire pour annoncer leur arrivée ; les jeunes filles venaient d'ouvrir la porte, et accouraient au-devant d'eux.

Elles commencèrent par se jeter au

cou de Reber, pour qui elles avaient craint toutes sortes de périls.

— Ah! cher père, vous nous êtes donc enfin rendu! s'écria l'aînée.

— Qu'est-il arrivé? demanda Kretle; nous pensions...

Elle s'interrompit pour regarder l'Indien, qui, malgré sa captivité, conservait une attitude calme et fière.

— Ma sœur, poursuivit-elle; je te le disais bien!... c'est un sauvage, un véritable sauvage que l'on nous amène.

Mais elle s'interrompit, effrayée par la flamme éblouissante qui sortait des yeux du prisonnier, et se pressa contre Schmidt.

Reber allait répondre à ses filles ; Tête-de-Feu ne lui en laissa pas le temps.

— Rentrons, rentrons bien vite, dit-il avec brusquerie, c'est le plus pressé.

On se hâta de pénétrer dans l'enclos, et Schmidt barricada soigneusement la porte, au moyen de solides traverses et de verrous; puis il se mit en devoir de décharger le cheval et de le conduire à l'écurie.

—A présent, mes petites demoiselles, dit Tête-de-Feu, d'un ton timide qui contrastait avec sa rudesse naturelle, vous pouvez causer sans avoir à craindre les flèches et les balles... Il faut pourtant que je m'assure de ce qui se passe dans la plaine.

Il monta sur le toit d'un des hangards, et, en dépit de l'obscurité croissante, il scruta minutieusement les alentours de l'habitation.

Reber profita de l'occasion pour mettre ses filles au courant des événements et leur apprendre à leur tour comment il avait fait rencontre du coureur des bois.

Kretle et Julie, comme Schmidt, connaissaient de réputation Tête-de-Feu, et sa présence était bien de nature à leur inspirer confiance dans l'avenir. Elles accablaient leur père de questions sur leur nouvel hôte, quand le chasseur descendit de son observatoire.

— Je ne vois rien, reprit-il, et je commence à croire que ce peau rouge était seul dans le voisinage... Néanmoins, ne nous endormons pas.

Les deux sœurs s'approchèrent alors

de Tête-de-Feu, et lui exprimèrent affectueusement leurs remercîments pour les bons offices qu'il avait déjà rendus à leur père. Rien ne saurait peindre les sentiments d'orgueil et de ravissement qui se reflétèrent sur les traits bronzés du coureur des bois, en entendant ces deux charmantes filles lui souhaiter la bienvenue et se féliciter de son arrivée.

— Je ne suis qu'un pauvre chasseur, dit-il avec émotion, et du diable si, depuis plus de trente ans, de jolies petites voix comme les vôtres, mesdemoiselles, m'ont ainsi chatouillé les oreilles! Girard, le brave garçon, m'a beaucoup trop vanté; mais je sais bien que s'il faut, un jour ou l'autre, donner pour vous la peau de mon crâne, elle est à votre service... Enfin, suffit, que l'enfer me confonde! je ne suis pas un beau parleur, seulement, vous me verrez à l'œuvre dans l'occasion, et c'est ce qu'un homme peut dire de mieux.

Pendant cette conversation, l'on était

entré dans la pièce principale du log-house. Les jeunes filles s'empressèrent de bourrer de bois le poêle de fonte, afin de sécher les vêtements des voyageurs, et elles allumèrent deux branches de sapin qui devaient tenir lieu de flambeaux.

—Allons! mes enfants, dit Reber avec un accent de bonne humeur, voici l'abondance revenue enfin au logis! Préparez-nous un bon repas pour fêter l'arrivée de notre nouvel ami, sans compter, ajouta-t-il en serrant la main de Schmidt, que l'ancien y fera honneur sans doute.

Alors seulement Julia et Kretle purent inventorier les vivres de toutes sortes que contenait maintenant le log-cabin. Le panier bien garni apporté par Schmidt de chez Burgwillers, le sac de Reber et enfin le daim blessé par le coureur des bois devaient approvisionner la colonie pour quinze jours au moins, en dépit du surcroît de bouches qui venaient d'arriver.

— Quelle belle pièce de gibier! disait Kretle avec admiration, et puis du biscuit, du café, du thé, que sais-je! Nous allons avoir un festin. Aussi, pour que tout le monde profite de la bonne chère, vais-je donner à ce pauvre Polak, qui nous a si bien gardées, ce lièvre de sauges dont rien ne peut corriger l'affreuse odeur de sauvagine.

Bientôt les deux sœurs furent entièrement absorbées par les apprêts du souper, tandis que Reber, en changeant ses vêtements mouillés, causait avec Schmidt dans une pièce voisine. Quant à Tête-de-Feu, il ne quittait pas son prisonnier, qu'il avait fait asseoir sur un billot, et dont il avait garotté les jambes pour plus de sûreté. L'Indien conservait cette imperturbable gravité que montre un guerrier rouge, même en présence des supplices; il affectait de n'accorder aucune attention aux objets nouveaux et inconnus qui l'entouraient dans cette habitation d'Européens. Seulement, quand Kretle ou Julia traversait la pièce en vaquant aux soins du ménage, ses prunelles dardaient un feu dont, malgré ses efforts, il ne pouvait modérer l'éclat.

Le coureur des bois alluma sa pipe et vint s'asseoir en face de lui. Toutefois, avant de procéder à un interrogatoire en règle, il se mit à examiner avec un soin extrême l'Indien que le hasard venait de faire tomber entre ses mains.

C'était un jeune homme de vingt ans à peine, qui, malgré ses peintures et ses tatouages, paraissait avoir des traits nobles et réguliers. Son torse, mal couvert par un manteau de peau de castor, avait les plus belles proportions sous les ornements barbares dont il était affublé. Ses membres, sans être gros, décelaient une vigueur et une agilité extraordinaires, et sa contenance témoignait qu'il ne ressentait aucune crainte.

Tête-de-Feu ne laissa passer aucun détail de sa personne ou de son équipement sans en faire l'objet d'une investigation particulière. Il observa tour à tour les figures bizarres peintes sur les bras, la poitrine et le visage du prisonnier, la touffe de cheveux et de plumes qui surmontait sa tête, son collier de griffes d'ours et jusqu'à ses mocassins de peau, espérant y trouver des indices certains sur la qualité réelle de ce rôdeur. Mais l'expérience du chasseur, en pareille matière, semblait être en défaut, et son front se plissait avec impatience.

— De par le diable! dit-il enfin tout haut, ce coquin-là est parfaitement déguisé... On le prendrait pour un Indien *mansos* d'une tribu soumise, et pourtant je gagerais que c'est un espion de ces brigands de Pawnies.

# CHAPITRE TROISIÈME

## III.

**Le prisonnier (suite).**

La tribu des Pawnies, si célèbre dans les admirables romans de Cooper, était, comme on le sait, une des plus puissantes et des plus indomptables tribus de l'Ouest. Toujours en guerre avec les colons, qu'elle accusait de lui avoir dérobé ses territoires de chasse, elle les désolait par des incursions continuelles suivies d'incendies et de massacres. Il importait donc de s'assurer si le prisonnier n'appartenait pas à cette race redoutable et belliqueuse.

Tête-de-Feu, après avoir réfléchi aux moyens d'entamer l'entretien diplomatique, demanda en langage pawnie, qu'il parlait facilement, comme les autres idiomes des tribus environnantes :

— Certainement le guerrier rouge est un Pawnie, quoiqu'il vienne déguisé dans le pays des visages pâles, comme s'il avait honte de son peuple. Sans doute les Pawnies sont devenus une nation de femmes, et le guerrier rouge les a quittés pour ne pas être confondu avec eux !

Ces injures étaient adroitement calculées pour froisser les instincts nationaux de son auditeur et l'obliger à se trahir. Néanmoins, pas un muscle du visage de l'Indien ne bougea; son œil resta fixe et impassible.

—N'espère pas me tromper, Pawnie! reprit le coureur des bois, qui commençait à s'animer; j'ai vécu longtemps dans la prairie, et je ne me laisserai pas prendre à tes artifices... Je sais distin-

guer un Sioux d'un Osage, et un Iowaï
d'un Konsa. Quant aux Pawnies, leurs
squaws ont été les esclaves de mon
wigwam, et j'ai enlevé à leurs guerriers
un grand nombre de chevelures qui sèchent au-dessus de mon foyer.

Tête-de-Feu se vantait sans doute,
bien qu'il eût été plus d'une fois redoutable aux Indiens. Mais le prisonnier ne
donna pas encore dans le piége. Il demeurait aussi calme que si on lui eût parlé

chinois ou sanscrit, et se taisait toujours.

Cependant cette nouvelle épreuve n'avait pas convaincu Tête-de-Feu. Il continuait d'examiner l'Indien en lâchant gravement des bouffées de tabac.

— Je vois maintenant, reprit-il enfin d'un ton différent, et en employant un autre dialecte, que mon frère rouge n'appartient pas à cette nation de chiens que j'ai battue tant de fois... Sans doute mon frère fait partie de la tribu des Konsas, amie des Yankees?

Cette fois enfin la statue s'anima et l'Indien rompit le silence obstiné qu'il avait gardé jusque-là :

— Les Konsas sont des hommes! répliqua-t-il avec dignité dans la même langue, et Vent-du-Nord est né parmi les Konsas.

» Tête-de-Feu comprit que Vent-du-Nord était le nom de son prisonnier; mais il n'était pas aussi sûr que l'Indien fût originaire de la tribu à laquelle il prétendait appartenir. Toutefois, il ne laissa rien voir de ses soupçons.

— C'est bien, reprit-il ; mais, alors, Vent-du-Nord pourra-t-il m'expliquer pourquoi ses peintures, ses armes et ses vêtements diffèrent tant de ceux des autres Konsas qui fréquentent les villages de mon peuple? J'ai remarqué dans son équipement les ornements d'un Pawnie, et mon esprit a été troublé.

Vent du Nord tarda un moment à répondre.

— Mon père a de l'expérience, reprit-il enfin, et les ans ont neigé sur ses cheveux.. J'ai quitté notre tribu depuis plus de trois lunes pour aller chasser le castor et le rat musqué du côté des grands lacs, en compagnie de deux autres chasseurs. Mes compagnons ont péri pour avoir attaqué imprudemment un ours griszly, et moi, me trouvant seul, j'ai voulu revenir à mon village. A huit journées de marche d'ici, du côté du nord, j'ai traversé une place où avait eu lieu un combat entre des guerriers pawnies et des colons blancs; les Pawnies avaient été vaincus et leurs corps étaient restés sur la neige glacée. Comme mes mocassins et mes vêtements s'étaient usés dans mes chasses et dans mes bivouacs, j'ai pris aux guerriers morts les ornements qui ont excités la défiance du chasseur blanc.

— Bien trouvé! mais ça ne prendra pas, mon cher, dit Tête-de-Feu en français.

Il feignit pourtant d'ajouter foi entière à cette explication.

— C'est bien, répéta-t-il dans le dialecte des Kansas; mais mon esprit est encore dans le doute. Comment Vent-du-Nord a-t-il pu arriver seul et à pied dans ce canton?

— Une nuit que je dormais à mon bivouac, mon cheval rompit la corde qui l'attachait à son piquet et fut dévoré par les loups.

Un sourire ironique, aussitôt réprimé, se joua sur les lèvres de Tête-de-Feu ; il poursuivit avec gravité :

— Mon frère rouge a été malheureux, et il a compté sans doute sur la pitié des colons blancs qui sont en paix avec sa tribu. Cependant, que venait-il faire ce soir si près de cette habitation, et pourquoi cherchait-il à escalader les palissades ?

— J'avais vu des traces de chevaux autour de ce wigwam, et je voulais m'informer si les visages pâles ne consentiraient pas à me vendre un cheval afin que je pusse regagner ma tribu.

— Si Vent-du-Nord était un Pawnie

au lieu d'être un Konsa, on aurait pu croire qu'il cherchait, non pas à acheter mais à voler le cheval des visages pâles. Tel n'était pas sans doute le projet de mon frère rouge; mais, pour acheter un cheval, qu'eût-il donné en échange?

— A plusieurs journées d'ici, du côté du soleil couchant, des guerriers de ma tribu et moi nous avons pratiqué une cache, toute pleine de peaux de castors, de bisons et de daims; j'aurais payé avec ma part de ces pelleteries, le cheval des visages pâles.

— Sans doute la langue de Vent-du-Nord n'est pas fourchue ; mais n'avait-il pas d'autres motifs que de s'assurer si cet établissement contenait des chevaux quand il a escaladé les palissades, au risque d'être tué ou pris par les blancs ?

L'Indien ne répondit pas, et une légère rougeur se manifesta sous la couche d'ocre et de noir de fumée dont son visage était barbouillé.

— Que mon frère ouvre les oreilles ! dit le chasseur avec insistance : comment un guerrier, destiné sans doute à devenir un grand chef parmi les siens, a-t-il manqué de vigilance au point de se laisser capturer par les blancs ?

Ce reproche parut porter au comble l'humiliation du jeune Indien.

— Vent-du-Nord, répondit-il avec embarras en baissant les yeux, n'est pas un vieillard qui tourne la tête d'un autre côté quand les jeunes filles se trouvent sur son chemin. Il a vu, à travers les fentes des palissades, l'Hermine-Blanche et la Fleur-Penchée ( c'était ainsi que le galant peau rouge désignait Kretle et Julia); alors Vent-du-

Nord a tout oublié; ses yeux ne voyaient plus, ses oreilles n'entendaient plus.

— Pour le coup, le coquin dit vrai ! pensa le coureur des bois; et j'avais deviné qu'une cause de ce genre devait avoir endormi sa prudence ordinaire. C'est bon; on y prendra garde.

# CHAPITRE QUATRIÈME.

## IV.

Le prisonnier (suite).

Il poursuivit à haute voix :

— Mon frère rouge est jeune, il a dû être remarqué déjà par les jeunes filles de sa tribu... Laquelle des deux préfère-t il, l'Hermine-Blanche ou la Fleur-Penchée ?

## VI

Le prisonnier rêva un moment.

— Vent-du-Nord ne saurait choisir entre les deux filles du visage pâle... L'Hermine-Blanche est comme le matin d'un beau jour, la Fleur-Penchée est semblable à une magnifique soirée des pays du Sud. Le guerrier rouge les aime l'une et l'autre à la fois.

— Eh bien ! à la bonne heure, ne vous gênez pas ! s'écria Tête-de-Feu en français en se levant, j'ai des démangeaisons de moudre les os de ce drôle à face de singe !... L'un de nous autres chrétiens se trouverait trop heureux d'être le mari d'une de ces charmantes filles ; mais il les faut toutes les deux à ce maudit païen ! Je voudrais lui casser les reins pour l'honneur de notre peau blanche.

Il se promenait, les sourcils froncés, les poings serrés; l'Indien le suivait des yeux, ne comprenant rien à sa colère. Il reprit bientôt :

— Qu'y a-t-il maintenant entre Vent-du-Nord et le chasseur blanc ? Vent-du

Nord n'a-t-il pas répondu à ses questions? Pourquoi ces liens qui serrent encore les bras et les jambes d'un ami? Ne lui sera-t-il pas permis de quitter le wigwam des visages pâles et de retourner dans sa tribu à l'aurore de demain?

Tête-de-Feu parvint enfin à modérer la colère qu'avait soulevée en lui l'outrecuidante naïveté du peau rouge.

— Les guerriers Kansas, reprit-il sèchement, sont-ils donc sans courage et ne peuvent-ils supporter un moment de gêne. Que Vent-du-Nord prenne patience ; je consulterai mes frères blancs pour savoir s'il est prudent à nous de le renvoyer dans sa tribu.

Le prisonnier, malgré l'impassibilité qu'il affectait, ne put cacher un vif désappointement; Reber et Schimdt rentrèrent dans la salle et s'approchèrent du coureur des bois avec intérêt.

— Eh bien! Tête-de-Feu, demanda le colon, savez-vous à quoi vous en tenir sur le compte de ce vilain monsieur-là... Dieu! qu'il est laid!

— Appartient-il à une tribu amie ou ennemie? ajouta Schmidt.

— Que l'enfer confonde cette vermine ! reprit le chasseur avec impatience ; il m'a fait une histoire interminable pour me prouver qu'il est un Konsa ; cependant je persiste à croire que c'est un espion des Pawnies. On en veut à vos chevaux, à vos bestiaux, à votre habitation, que sais-je? Et pour compliquer la situation, ce misérable vagabond des prairies se dit amoureux de vos charmantes filles. C'est un danger de plus, car il n'aura que plus d'ardeu. à exciter ses compatriotes contre nous. Ma foi! peut-être le parti le plus sage serait-il d'envoyer une balle dans le crâne de ce brigand et de jeter son corps aux coyotes.

— Y pensez-vous, monsieur Tête-de-Feu? répliqua Reber ; massacrer froidement ce malheureux!

— Aimez-vous mieux que les coquins de sa tribu viennent vous massacrer, vous et votre famille? Les Européens nouvellement débarqués ont de singuliers scrupules.

— Je sais, dit Schmidt d'un ton conciliant, combien M Tête-de-Feu a d'expérience en pareille matière, et peut-être les usages du pays, ainsi que les circonstances, justifieraient ils une semblable extrémité. Cependant il doit exister quelqu'autre moyen moins cruel d'éviter le danger dont nous sommes menacés peut-être.

Le coureur des bois rêva un moment.

— Vous avez raison, dit-il enfin : je me crois toujours dans la prairie, où chacun se fait justice soi-même... D'ailleurs, les amis de ce peau rouge finiraient par savoir comment nous l'avons traité, et ils tenteraient sans aucu doute de le venger sur nous. Il ne nous reste plus alors qu'un parti à prendre : demain, je conduirai cet Indien, soigneusement garrotté, jusqu'à Stockton, et je le livrerai aux autorités de la ville. Les habitants de Stockton, dont la sûreté est menacée ainsi que la vôtre par la présence de cet espion sur les défrichements, aviseront à le traiter suivant ses mérites, et si, comme je n'en doute pas, ils se décident à le pendre, la responsabilité en retombera sur eux.

Cette fois Reber et Schmidt se rangèrent à l'avis du coureur des bois. Il fut donc convenu que, le lendemain,

Tête-de-Feu conduirait Vent-du-Nord à la ville, et que les pouvoirs réguliers de la cité naissante prononceraient sur le sort du prisonnier. En attendant, on se tiendrait en garde contre une surprise de la part des Indiens qui pouvaient être cachés dans les bois, et l'on prendrait toutes les précautions imaginables pour que le Konsa, réel ou supposé, ne pût pas s'échapper.

Pendant cette conversation en langue

étrangère, les yeux de Vent-du-Nord ne quittaient pas les interlocuteurs, comme s'il eût deviné qu'il s'agissait pour lui de vie ou de mort. Sans doute l'expression des visages ne lui semblait pas suffisamment rassurante, car il parut tomber dans une profonde méditation.

Tout à coup Schmidt fut frappé d'un souvenir; il alla chercher la pipe indienne que lui avait donnée le secrétaire du consul à son départ de New-York; elle était suspendue à un endroit très apparent de la pièce, suivant les instructions de Girard. Schmidt la remit au coureur des bois et lui expliqua comment elle provenait du chef pawnie Daim-Léger, à qui leur ami commun avait eu occasion de rendre un grand service.

— Daim-Léger! s'écria Tête-de-Feu au comble de l'étonnement; est-il possible que Girard ait vu ce brigand et qu'il ait encore sa chevelure sur la tête? Daim-Léger est le chef d'une grande tribu fort acharnée contre les blancs ; lui-même passe pour un scélérat sanguinaire, et il a plus attaché d'Européens au poteau des supplices qu'il ne s'en trouve à cent milles à la ronde... Enfin, voyons quel effet produira cet objet sur notre prisonnier.

Il s'approcha de Vent-du-Nord.

— Que mon frère ouvre les yeux, dit-il dans le dialecte des Konsas; connaît-il ceci?

Et il lui montra la pipe de Daim-Léger. L'Indien ne put retenir un tressaillement qui témoignait d'une extrême surprise; mais bientôt sa volonté de fer reprit le dessus, et il répondit d'un ton posé :

— Mes yeux sont ouverts, et je vois

le calumet de paix d'un grand chef.

— C'est juste; mais ce grand chef, sais-tu son nom?

— Comment le saurais-je ? Les tribus des guerriers rouges sont aussi nombreuses que les feuilles des arbres, et Vent-du-Nord connaît seulement les chefs de sa tribu.

— Le drôle se méfie, dit Tête-de-Feu en français en s'adressant aux deux colons : je gagerais qu'il sait très bien à qui appartient cette vieille pipe, et qu'il grille d'apprendre comment elle se trouve entre nos mains; mais la reconnaître, ce serait trahir son déguisement et s'avouer Pawnie, tandis qu'il tient mordicus à passer pour Konsa. Maudite soit l'astuce de ces Indiens! Celui-ci, malgré sa jeunesse, en remontrerait aux plus vieux et aux plus madrés menteurs de tout l'ancien continent.

— N'importe! reprit Schmidt, je vous prierai, monsieur Tête-de-Feu, de vouloir bien traduire à ce sauvage ce que je m'en vais vous dire, et cela sur la recommandation expresse de notre ami commun, le secrétaire du consul.

En même temps il tira de sa poche le petit cahier de Girard, qui semblait être son vade mecum, et il lut avec lenteur, afin que chaque expression pût être religieusement transmise au prisonnier :

« — Ce calumet de paix a été donné par le grand chef Pawnie, Daim-Léger, à son frère blanc l'Aigle-Rusé, et l'Aigle-Rusé à son tour l'a donné au maître de ce wigwam. Daim-Léger a juré par le Grand-Esprit qu'il soutiendrait de son bras et du bras de ses guerriers le possesseur de ce calumet, et malheur à qui braverait la colère de Daim-Léger, le grand chef ! »

# CHAPITRE CINQUIÈME.

## V.

### Le prisonnier (suite).

Schmidt répéta deux fois cette formule, qui semblait faire partie de quelque franc-maçonnerie du désert, et Tête-de-Feu la traduisit mot pour mot à Vent-du-Nord. Celui-ci écouta très attentivement, et cette fois encore il ne put dissimuler complétement une sorte d'émotion. Néanmoins, fidèle à sa diplomatie, il répondit avec tranquillité :

— J'ai entendu les paroles de mon frère blanc; mais pourquoi dire à un Konsa ce qui est destiné aux oreilles d'un Pawnie? Vent-du-Nord ne connaît pas le calumet de Daim-Léger.

— Allons, il n'en démordera pas, reprit le coureur des bois en français à ses compagnons; cependant on ne m'ôtera pas de la cervelle qu'il connaît fort bien les Pawnies. Si vraiment il appartenait à une autre tribu, il n'eût pas manqué cette occasion de débiter contre eux une kirielle d'injures, selon l'habitude des sauvages... Malgré tout cela, ne nous fions pas trop à la vertu miraculeuse de cette vieille pipe, et conduisons dès demain ce mouchard à Stockton; c'est le plus sûr.

Cette décision prise, Tête-de-Feu, sans cesser de surveiller les mouvements de l'Indien, se mit à causer avec ses compatriotes des nouvelles de l'Europe, des affaires de la colonie naissante, et surtout de Girard, sur le compte duquel il revenait toujours. Schmidt profita de ce moment de repos pour lui remettre la lettre de recommandation du secrétaire; mais il dut la lire lui-même, car le coureur des bois ne paraissait plus être bien familier avec l'écriture; et les expressions chaleureuses de Girard, au sujet de la famille Reber, ajoutèrent encore aux bonnes dispositions de Tête-de-Feu pour ses nouveaux amis.

Le temps passa rapidement dans cet entretien amical; la nuit était venue depuis longtemps, et l'intérieur de la maison était éclairé seulement par les torches de sapin qui répandaient autour d'elles une odeur aromatique. Au dehors, on entendait le cliquetis des eaux ruisselant de toutes parts; c'était une de ces nuits sombres, humides, où il semble que la nature inclémente veut faire mieux sentir à l'homme les douceurs d'un bon gîte et d'un bon repas.

La cuisine de la ferme, comme nous l'avons dit, était située à l'écart des bâtiments d'habitation. Elle consistait en une espèce de hangar sous lequel on avait construit, avec des pierres et de l'argile, un fourneau tout primitif et une cheminée p'us primitive encore. Là, les deux sœurs, débarrassées des fourrures qui eussent gêné leurs mouvements, s'escrimaient pour préparer un souper abondant sinon délicat; on les eût vues passer et repasser avec activité devant la cheminée où brillait un feu clair, surveillant la cuisson d'un quartier de cerf, dont le délicieux parfum commençait à se répandre dans la maison. Maître Polak avait été déchaîné aux approches de la nuit, et il rôdait autour d'elles en agitant la queue, comme pour témoigner que le lièvre de sauges n'avait pu encore apaiser son formidable appétit, aiguisé par plusieurs jours de jeûnes consécutifs.

Bientôt Kretle et Julia entrèrent dans la salle commune afin de mettre le couvert, et la conversation devint générale. Les jeunes filles, rassurées par les nouvelles sinon tout à fait favorables, du moins tranquillisantes, que leur père avait apportées de la ville, montraient une sorte d'enjouement. La capture de l'Indien, au milieu de tant de circonstances suspectes, n'avait même pu éveiller sérieusement leurs alarmes, et elles considéraient le prisonnier avec moins de terreur que de curiosité. En apprenant que, dans l'intérêt commun, le Konsa serait conduit le lendemain à Stockton, elles manifestèrent une véritable pitié.

— Qu'a donc fait ce pauvre sauvage pour être traité si cruellement? demanda Kretle, Il pouvait n'avoir pas de mauvais desseins en cherchant à voir par-dessus nos palissades, et il a failli recevoir une balle de carabine pour cela. Ne vaudrait-il pas mieux lui ouvrir la porte et le laisser libre d'aller rejoindre ses compagnons à figure barbouillée ?

— Ah! mes gentilles demoiselles, répliqua Tête-de-Feu avec douceur, vous ne savez pas comme votre compassion est mal placée. A Dieu ne plaise que je veuille vous effrayer! mais vous êtes particulièrement intéressées à ce que ce coquin soit mis au plus tôt en lieu de sûreté. Si vous connaissiez ces peaux rouges comme moi, si l'on vous disait de quoi ils sont capables, vous frémiriez qu'un seul d'entre eux eût pu vous voir ou même soupçonner votre existence !

—Allons, petites ! allons ! dit Reber à son tour; laissez-nous le soin d'agir pour le mieux, et hâtez-vous de nous faire souper... Je ne sais si c'est fatigue ou besoin de nourriture, mais j'éprouve un malaise inexprimable; peut-être un bon repas me remettra-t-il.

Le couvert était mis sur la table grossière qui occupait le milieu de la pièce. Il n'était pas somptueux, et se composait seulement de plats, d'assiettes et de gobelets en ferblanc; mais ces ustensiles brillaient de propreté comme s'ils eussent été d'argent. Bientôt les jeunes ménagères apportèrent un potage à la purée de pois et au biscuit, de la viande et du poisson salés, enfin un grand plat de terre sur lequel fumait le quartier de venaison. Des pommes de terre tenaient lieu de pain. Le vin, le cidre et la bière faisaient complétement défaut, mais la famille, depuis son arrivée en Amérique, avait appris à s'en passer et à remplacer les boissons fermentées par du thé. Quoiqu'il manquât bien des choses à ce festin, depuis longtemps on n'en avait vu d'aussi copieux à la ferme des Deux-Sœurs.

Le coureur des bois et Schmidt, peu difficiles par goût et par habitude, firent largement honneur à la bonne chère ; les jeunes filles elles-mêmes semblèrent trouver le repas préférable au lait qui formait uniquement leur nourriture journalière. Quant à Reber, il put seulement avaler quelques tasses de thé. Ses filles s'aperçurent avec inquiétude que son malaise paraissait augmenter, et qu'il avait par moments le frisson.

Cependant Vent-du-Nord avait été relégué dans un coin sombre, où ses yeux fixes brillaient comme des charbons ardents. Les deux sœurs finirent par soupçonner que la faim seule faisait flamboyer ainsi la prunelle du sauvage.

— Bon Dieu! et ce pauvre Indien que nous oublions! s'écria Kretle. Quoiqu'il ait la peau d'une autre couleur que la nôtre et le visage tatoué, il n'est pas moins homme, et il y a cruauté à manger en sa présence quand il est affamé peut-être.

— Tu as raison, reprit Julia ; aussi, avec la permission de mon père et de nos amis, vais-je lui délier les mains afin qu'il puisse au moins prendre sa nourriture.

L'une et l'autre se levaient déjà pour exécuter ce projet charitable, quand

Tête-de-Feu, que Schmidt et Reber consultaient du regard, s'écria énergiquement :

— Ne bougez pas, mes bonnes demoiselles, je vous en supplie. Il ne faut pas se piquer d'humanité avec ces vermines rouges. Ce gaillard-là est fort comme un ours, agile comme un daim, et quand il détalait ce soir au pied de la montagne, il nous a prouvé qu'il méritait bien son nom de Vent-du-Nord.... Le premier usage qu'il ferait sans doute de ses mains serait de s'emparer d'un couteau dont il se servirait contre nous tous... Encore une fois, gardez votre pitié pour une autre occasion... Et vraiment, ajouta-t-il avec une sorte de mélancolie, de bonnes et douces créatures telles que vous n'eussent pas dû venir dans un pays où elles sont exposées à rencontrer de pareils gueusards !

Reber et Schmidt soupirèrent en entendant ce souhait inutile.

— Il faut qu'il mange pourtant! répondit Kretle avec impatience; on ne peut le laisser sans nourriture jusqu'au moment de le conduire à la ville... Si méchants que soient ces Indiens, on ne saurait les traiter avec tant de barbarie sans paraître aussi méchant qu'eux.

— Eh bien, il existe un moyen, ma sœur, dit Julia.

Et elle communiqua tout bas son idée à Kretle qui sourit.

— C'est juste, répliqua Kretle ; comme cela on n'aura rien à dire.

Elles se mirent à couper en minces morceaux dans une assiette une grosse portion de viande. Les hommes les regardaient avec étonnement.

— Que le diable m'emporte! s'écria tout à coup le coureur des bois en frappant sur la table, ces deux charmantes filles vont donner la becquée au sauvage!

# CHAPITRE SIXIÈME.

## VI.

**Le prisonnier (suite).**

Julia et Kretle sourirent de nouveau et s'approchèrent du prisonnier pour réaliser leur généreux dessein. D'abord Vent-du-Nord n'avait pas l'air de comprendre ce qu'on lui voulait, et il conservait sa majestueuse impassibilité ; mais ses jeunes pourvoyeuses lui apprirent par leur pantomime expressive ce qu'elles attendaient de lui, et l'Indien, qui véritablement mourait de faim, se prêta volontiers à leur désir. Ouvrant une bouche bien meublée de dents blanches et aiguës, il avala les morceaux aussi vite que les deux sœurs pouvaient les lui présenter. Elles s'amusaient beaucoup de cet appétit désordonné, et elles durent revenir plusieurs fois à la table pour remplir l'assiette.

— Assez, mes jolies demoiselles, assez! dit enfin Tête-de-Feu avec gaieté, ou tout notre souper y passera... Un seul de ces peaux rouges mange plus que douze Européens, et, une fois, j'en ai vu six dévorer un bison entier en vingt-quatre heures. Au diable ces goinfres! Je crains pourtant, ajouta-t-il en baissant la voix, que la bonté de ces chères enfants n'ait pour effet d'enorgueillir ce misérable espion et de le rendre fat; je vais essayer d'y mettre ordre.

Il se tourna vers le prisonnier, occupé à vider une grande cruche d'eau que Kretlé lui présentait.

— Que le guerrier rouge, dit-il avec ironie dans la langue des Konsas, ne soit pas trop fier des services que lui rendent les filles du visage pâle. Le Grand-Esprit de leur peuple leur ordonne de se montrer secourables, et elles accomplissent la volonté du Grand-Esprit; mais elles sont bonnes aussi pour les chiens et les bestiaux de leur wigwam; car, à leurs yeux, un peau rouge, Konsa, Pawnie, ou de toute autre tribu, est encore moins qu'un chien ou une vache.

Le sauvage sentit peut-être cette injure préméditée; mais il dédaigna d'y répondre, et, baissant la tête, il retomba dans son immobilité de statue.

Le souper finit, et le repos était bien

nécessaire aux habitants de la ferme. Reber, au lieu de se trouver fortifié, éprouvait un malaise plus sensible encore qu'avant le repas. Les jeunes filles, un moment égayées par la voracité de l'Indien, recommencèrent à s'alarmer en voyant les souffrances croissantes de leur père.

— Ce ne sera rien, mes enfants, dit le colon tranquillement; la journée a été rude, et je ne serais pas étonné s'il en résultait pour moi un accès de fièvre; mais le sommeil me guérira, j'en suis sûr... Songeons donc à prendre nos dispositions pour la nuit, et d'abord occupons-nous de dresser un lit pour Tête-de-Feu.

— Un lit pour moi, répliqua le coureur des bois en haussant les épaules; vous voulez rire. Je couche habituellement sur le sable ou l'herbe humide de la prairie, enveloppé dans mon manteau, et j'y dors à merveille. Que ces bonnes demoiselles ne se dérangent pas. Comme je dois demeurer quelque temps ici, je me construirai demain dans l'enclos une hutte en bois, je m'y ferai un lit avec un tas de mousse, et je n'aurai jamais été aussi comfortablement logé... D'ailleurs, je ne dormirai guère cette nuit; ne faut-il pas que je garde à vue notre maudit sauvage? Il paraît solidement attaché; mais en peu de minutes, il saurait bien rompre ses liens, sauter par une fenêtre et s'enfuir dans la forêt, si notre surveillance venait à se relâcher. Avec votre permission, je passerai la nuit près de lui dans cette pièce. Vous autres, dormez tranquilles; je réponds de tout.

Reber voulut élever quelques objections, mais il n'en eut pas la force. En revanche Schmidt, sortant de sa réserve ordinaire, insista pour demeurer seul chargé de la garde de l'Indien.

— Vous devez être fatigué de votre voyage, monsieur Tête-de-Feu, reprit-il, et ce sera moi qui veillerai sur le prisonnier pendant que vous vous reposerez dans ma chambre et dans mon lit. Vous aurez demain une tâche assez rude pour conduire cet Indien à Stockton. D'ailleurs, vous êtes l'hôte de M. Reber, et...

—Hôte ou non, je veillerai cette nuit, mon garçon, répliqua le coureur des bois avec cette irascibilité qui fléchissait seulement devant les jeunes filles du logis. Ecoutez, vous êtes trop jeune et trop fraîchement débarqué du continent pour connaître encore les ruses de ces peaux rouges. Si je vous laissais seul avec celui-là, peut-être demain matin serait-il loin d'ici, après vous avoir débarrassé de votre blonde chevelure et avoir mis le feu aux quatre coins de la maison. Encore une fois, ne me contrariez pas ; si vous connaissiez ces traîtres-là comme je les connais...

—Du moins, permettez-moi de veiller avec vous.

—Allons, l'ami, qu'on ne m'en parle plus. Girard a dû vous dire que j'ai bien gagné mon surnom de Tête-de-Feu, et *caramba!* il ne faut pas m'échauffer la bile!

L'honnête Schmidt n'osa pas répliquer, et il dut en passer par où voulait l'opiniâtre chasseur. On convenait des dispositions à prendre, quand un bruit grave, majestueux, assez semblable au grondement lointain d'un orage, se fit entendre au dehors; ce bruit se rapprochait rapidement et devenait de plus en plus distinct.

— Qu'est ceci? demanda Reber en

tressaillant. Est-ce que les oreilles me bourdonnent ou bien,..

— Morbleu ! dit le coureur des bois avec inquiétude, ce ne peut pourtant pas être le tonnerre !... N'y aurait-il pas encore les sauvages là-dessous ? Mais non ; voyez notre prisonnier : il écoute comme nous et il ne paraît pas moins étonné... Il faut savoir ce qui se passe.

Il ouvrit la porte et sortit dans la cour; Schmidt et la famille Reber le suivirent, aiguillonnés par l'inquiétude et la curiosité.

# CHAPITRE SEPTIÈME

VII

Le prisonnier (suite).

La nuit était sombre, et l'on ne pouvait d'abord rien distinguer dans l'espace immense qui s'étendait autour de la ferme. Seulement, quand les yeux des spectateurs se furent habitués aux ténèbres, on reconnut que la nappe de neige dont le sol était couvert depuis plusieurs semaines avait en partie disparu ; on apercevait çà et là des places de couleur foncée qui semblaient être des mares d'eau. L'eau, en effet, continuait à ruisseler de tous côtés, et mille cascatelles invisibles formaient un murmure sourd et monotone. Cependant le tumulte imposant qui d'abord avait attiré l'attention des colons ne cessait pas et prenait au contraire des proportions formidables. Il montait de la plaine, et l'on eût dit de ce mugissement qui précède un tremblement de terre. Les habitants de la ferme, muets et terrifiés, attendaient sous la brise humide de la nuit que cette circonstance extraordinaire leur fût expliquée, quand le coureur des bois s'écria tout-à-coup :

— Eh! mordieu, j'y suis... c'est la débâcle des glaces.

Les doutes à cet égard ne tardèrent

pas à se changer en certitude. Le bruit, qui avait grossi d'une manière intermittente, comme s'il eût suivi les sinuosités de la rivière, finit par retentir au pied même de la colline sur laquelle s'élevait l'habitation. C'étaient des craquements immenses, des chocs furieux, des cliquetis assourdissants que dominait le fracas des grandes eaux. Bientôt même on put, malgré les ténèbres, avoir une idée de l'imposant phénomène naturel qui se produisait à une courte distance.

Une énorme masse blanche, composée de glaçons accumulés, se mouvait par une force invisible, à la surface du fleuve et en parcourait les détours avec la rapidité d'un cheval de course. Sous l'effort de cette puissante agglomération, les glaces qui enchaînaient encore le courant de la rivière Jaune se brisaient en éclats et refluaient sur les deux rives en blocs irréguliers, d'une grosseur monstrueuse. La masse passa rapidement et alla se perdre dans les profondeurs du désert; mais l'agitation et le tumulte ne cessaient pas derrière elle.

Des montagnes d'eau noire se précipi-
taient à sa suite, envahissant les berges
avec rapidité. Des glaçons gigantesques,
violemment repoussés du fond, se dres-
saient au-dessus de son niveau comme
de turbulents fantômes et s'entre-cho-
quaient impétueusement. Néanmoins
cette perturbation finit aussi par se
calmer peu à peu. La rivière reprit sa
marche accoutumée, et quelques taches
blanches diversifiaient seules la teinte
sombre de ses eaux boueuses ; seulement elle ne rentrait pas dans son lit et
n'abandonnait pas le terrain qu'elle

avait envahi dans ce moment de crise passagère. Au contraire, on eût dit qu'elle continuait à grossir, et elle clapotait déjà contre le pied de la colline que couronnait l'habitation des Deux-Sœurs.

Cette observation n'échappa pas à Tête-de-Feu; mais il ne voulut pas manifester ses craintes, et reprit d'un ton dégagé :

— Allons ! tout est fini, et ceux qui veulent dormir cette nuit n'ont plus qu'à se mettre à la besogne. Ma foi ! je plains bien les pauvres diables de chasseurs qui se seront couchés ce soir trop près de la rivière ; leur sommeil aura pu être vilainement dérangé. Enfin, chacun pour soi ; et nous, qui avons un bon gîte par cet effroyable temps, sachons en profiter.

On rentra en effet dans la salle com-

mune et l'on se disposa à se séparer.
Reber avait une fièvre violente, et ses filles désiraient le veiller toute la nuit; mais il le leur défendit avec fermeté, assurant que le repos suffirait pour le guérir, et que le lendemain il n'y paraîtrait plus. Force fut donc aux deux sœurs de renoncer à leur projet; et, après avoir embrassé tendrement leur père, dit un bonsoir affectueux à Schmidt, s'être assurées que le coureur des bois ne manquerait de rien pendant sa veillée, elles se retirèrent dans la cabine isolée qui leur servait de cham-

bre. Reber, de son côté, regagna sa cellule. Schmidt, au moment de le suivre, dit au chasseur :

— Vous n'avez pas voulu de moi pour vous tenir compagnie, monsieur Tête-de-Feu ; je vais donc me jeter tout habillé sur mon lit, ma carabine à mon chevet ; mais au moindre appel, je serai sur pied... Bonsoir donc, et que Dieu vous récompense pour la généreuse assistance que vous nous donnez !

Demeuré seul, Tête-de-Feu s'assura que le prisonnier n'avait pas trouvé moyen de relâcher ses liens, alluma sa pipe, garnit de bois le poêle, et, s'enveloppant dans son manteau, il se prépara à passer la nuit en homme qui avait l'habitude de braver l'insomnie, la fatigue et le péril.

# CHAPITRE HUITIÈME.

## VIII.

#### L'alarme.

Les premières heures de la nuit s'écoulèrent sans incident remarquable pour le vigilant Tête-de-Feu Le sauvage lui-même s'était endormi, et, bien que ce sommeil pût n'être qu'apparent, aucune tentative de révolte ne paraissait à craindre de ce côté.

Au bruit effrayant causé par la débâcle des glaces avait succédé le murmure monotone de la rivière, quoique ce murmure fût évidemment plus fort qu'à l'ordinaire. Par moments, des cris d'oiseaux de nuit, des glapissements de coyotes, des hurlements de bêtes féroces se faisaient entendre au loin, du côté de la forêt. Alors le chasseur prêtait l'oreille; habitué aux ruses des Indiens, il n'oubliait pas que les peaux rouges imitent souvent, la nuit, des cris d'animaux pour se reconnaître et se transmettre des avertissements. Mais aucun son faux et suspect ne vint confirmer ses conjectures; le prisonnier lui-même continuait de dormir paisiblement.

Aussi, vers le matin, Tête-de-Feu

avait-il fini par se laisser aller à un léger assoupissement. Le dos appuyé contre la muraille, la main sur la garde de son couteau de chasse, il avait perdu depuis quelques instants la conscience de lui-même, quand un simple mouvement de l'Indien le réveilla en sursaut. Il fut sur pied à l'instant et se mit sur ses gardes. Vent-du-Nord s'était levé sur son séant. et paraissait écouter.

— Pourquoi le Konsa ne dort-il plus ?

redemanda le coeur des bois avec une impatience mêlée d'inquiétude.

— Que le chasseur blanc ouvre les oreilles, répliqua l'Indien, il y a des sons dans l'air.

Et comme s'il n'eût pas été intéressé lui-même dans l'événement, il se recoucha d'un air stoïque.

Alors Tête-de-Feu, dont les sens avaient d'abord été troublés par ce brusque réveil, put entendre les cris nouveaux qui retentissaient au dehors; mais cette fois ce n'étaient plus les coyotes, les panthères ou les ours qui élevaient la voix dans l'éloignement. Les cris étaient plus forts, plus rapprochés, et semblaient partir de l'enceinte même de la ferme. Il ne tarda pas à distinguer les beuglements des bestiaux enfermés dans l'étable, puis ces hurlements plaintifs que pousse un chien en détressse, et enfin ce hennissement particulier et formidable par lequel un cheval annonce une terreur profonde.

— Il y a quelque chose, en effet, murmura le coureur des bois.

Il saisit sa carabine, qui était posée contre la muraille, à portée de sa main, et, ouvrant la porte de la maison, il se mit en observation sur le seuil.

Les premières lueurs du matin éclairaient déjà le ciel brumeux, mais la terre était enveloppée de ténèbres qu'un brouillard épais rendait plus sombres encore. Vainement le chasseur essaya-t-il de percer du regard cette obscurité; la neige avait disparu complétement, sa blancheur ne dessinait plus les contours des objets, et tout se confondait dans une uniformité sinistre. Cependant les bestiaux continuaient de s'agiter et de mugir, le cheval de pousser son lamentable cri d'appel; et Polak, en voyant de la lumière du côté de la maison, accourut vers Tête-de-Feu sans interrompre ses plaintes.

Tout cela n'expliquait pas au chasseur quelle espèce de danger pouvait courir l'habitation, et cependant un instinct l'avertissait que ce danger était réel et pressant. En désespoir de cause, il descendit la pente de la colline, pour aller inspecter les étables, et Polak le suivit en jappant. Le coureur des bois, encore peu familier avec les localités, n'ayançait qu'avec lenteur, quand il sentit ses pieds s'enfoncer dans l'eau. Il crut d'abord avoir marché dans une flaque de neige fondue comme en formait chaque cavité du sol, mais un second pas le fit entrer plus avant dans un liquide glacé ; avant même qu'il eût atteint l'étable, il avait de l'eau jusqu'à mi-jambes.

Alors la vérité fut évidente ; il s'agissait d'une inondation, d'une de ces

terribles inondations de l'Amérique du
Nord qui parfois couvrent entièrement
des pays grands comme la France. La
rivière voisine, encore obstruée sans
doute par les glaces de la débâcle, n'a-
vait pu suffire à l'écoulement des prodi-
gieuses masses d'eau causées par la
fonte subite des neiges. Elle s'était gon-
flée, avait envahi la plaine, et, montant
le long de la pente sur laquelle se trouvait l'habitation, elle baignait déjà la
partie inférieure de l'enclos, les palissades et les étables. Au peu de temps
qu'elle avait mis à faire ces terribles

progrès, on pouvait juger qu'elle ne s'arrêterait pas là.

Tête-de-Feu, avec sa promptitude ordinaire de décision, comprit qu'il n'y avait pas un instant à perdre pour empêcher de se noyer le cheval et les bestiaux attachés dans l'écurie. Il serait toujours temps de donner l'alarme aux gens de la maison, car le péril était d'une nature contre laquelle les efforts de l'homme sont impuissants. Il s'empressa donc de déposer sa carabine sur une pile de bois, et se dirigea vers les légères constructions où se trouvaient les animaux en détresse.

Ce ne fut pas sans courir des risques sérieux que le hardi Tête-de-Feu parvint à opérer ce sauvetage; non pas que les eaux fussent très hautes encore sous le hangar, mais les pauvres bêtes, folles de terreur, bondissaient dans cet étroit espace en s'efforçant de briser leurs liens, et l'obscurité ajoutait encore au danger de s'engager au milieu d'elles. Cependant le coureur des bois n'hésita pas, et, de la lame bien affilée de son couteau de chasse, il coupa successivement les lanières qui les retenaient captives. Quand l'une d'elles se sentait libre, elle s'élançait aveuglement vers la partie élevé de l'enclos, en faisant rejaillir autour d'elle des tourbillons d'eau boueuse. Bientôt elles eurent toutes regagné la terre ferme, et alors, devenues plus calmes, elles se pressèrent les unes contre les autres en poussant des beuglements plaintifs.

Tête-de-Feu sortit à son tour de son bain glacial, et, après avoir repris sa carabine, il revint vers la maison en tâtonnant. Dans la salle commune, il trouva Schmidt tout habillé. Le fidèle ami de la famille Reber avait été éveillé par les cris des animaux de la ferme, et accourait pour en connaître la cause.

Le chasseur lui apprit laconiquement ce qui se passait.

— Grand Dieu ! dit Schmidt en pâlissant ; il faut éveiller Reber et ces demoiselles, il faut...

— A quoi bon ? Leurs plaintes et leurs lamentations remédieraient-elles à l'affaire ? Laissons-les dormir et attendons. Le jour va venir; peut-être l'eau cessera-t-elle de monter... quoique, à vrai dire, je l'espère peu. Quand il le faudra absolument, je vous avertirai.

Schmidt n'insista pas, car il comprenait la sagesse de ces motifs. Comme les vêtements du chasseurs étaient ruisselants d'eau, il lui offrit obligeamment de quoi changer.

— Bah! répliqua le coureur des bois

en haussant les épaules, c'est bien la peine de songer à cela ! Qu'importe que mes *leggins* soient mouillés? Je me sècherai... quand je pourrai.

L'intention charitable de Tête-de-Feu à l'égard de ses hôtes ne devait avoir aucun résultat. Les jeunes filles, attirées par le bruit, ne tardèrent pas à se montrer; Reber lui-même entra bientôt, à demi vêtu et se traînant péniblement. Ses traits décomposés, ses joues marbrées de taches rouges, témoignaient qu'il était atteint d'une grave maladie.

Il fallut bien aussi répondre à leurs questions et leur apprendre la triste vérité.

— Que le ciel ait pitié de nous ! s'écria Julia; je suis résignée à tout, et la vie a bien peu de charmes pour moi;

mais vous, mon père, et toi, ma bonne Kretle, et vous aussi, mes amis, êtes-vous donc condamnés à cette triste fin ?

— Mon père ! Schmidt ! s'écria Kretle éperdue, sauvez-vous ! sauvez-nous !

Schmidt leva les yeux au ciel.

— Pauvres enfants ! dit Reber avec

effort, c'est à vous surtout qu'il faut penser. Quant à moi, fussé-je épargné par cette inondation, peut-être n'aurais-je pas longtemps à souffrir... Au fait, pourquoi vivrais-je puisque déjà je ne peux plus ni vous protéger ni vous défendre?

Et il tomba sur un siége avec accablement.

# CHAPITRE NEUVIEME.

## IX.

L'alarme (*Suite*).

Alors seulement on remarqua le changement opéré depuis la veille dans l'extérieur du malheureux colon, et cette nouvelle inquiétude fut assez forte pour faire oublier aux deux sœurs le danger commun.

— Mon père, dit Julia, vous ne pouvez vous soutenir; de grâce, appuyez-vous sur moi et rentrons dans votre chambre

— Oui, oui, mon père, dit Kretle en

s'approchant à son tour, vous n'auriez pas dû quitter votre lit; c'est une grave imprudence.

Mais le colon refusa leur secours.

— Laissez-moi, mes enfants, dit-il en raffermissant sa voix; si je ne puis être d'aucune utilité dans la crise qui approche, je ne veux pas du moins devenir un embarras. Je' vais rentrer dans ma chambre, mais pour achever de m'habiller et me tenir prêt à tout événement. Allons, qu'on ne me parle plus de mon mal; nous nous en occuperons plus tard si nous en avons le loisir.

Kretle et Julia, habituées à respecter ses volontés, n'osèrent pas insister. Schmidt, qui avait attentivement examiné le malade, lui dit d'un ton affectueux :

— Si je ne me trompe, Reber, vous êtes pris d'une de ces fièvres qui atteignent les nouveaux colons avant qu'ils soient acclimatés. J'en ai eu moi-même deux ou trois accès très violents, au commencement de notre séjour dans le pays ; mais grâce à notre boîte de médicaments, et à l'instruction dont elle est accompagnée, j'espère vous délivrer bientôt de votre mal. Nous avons encore une provision de quinine, et je vais chercher la formule dont l'application m'a guéri.

— Oui, mon cher Schmidt, cherchez-la sans retard, dit Kretle en joignant les mains; soulagez notre pauvre père, je vous en prie, et, en dépit de cette terrible inondation qui nous menace tous d'une mort prochaine...

— Bon, bon, ma petite demoiselle, interrompit brusquement le coureur des bois, nous ne sommes pas encore noyés. Cent fois je me suis trouvé exposé à des dangers plus pressants que celui-ci, et pourtant mé voilà sur pied et bien-portant. Attendez du moins, pour vous désespérer que l'eau soit entrée dans cette salle, qu'elle ait éteint le feu de votre poêle ; jusque-là, prenez courage tous : nous nous sauverons. Je vous garantis que nous nous sauverons !

Peut-être le brave Tête-de-Feu exprimait-il une espérance qu'il n'avait pas ; néanmoins il parvint à rassurer un peu la malheureuse famille. Reber, appuyé sur ses filles, rentra dans la pièce voisine pour faire ses préparatifs à tout hasard, tandis que Schmidt cherchait, parmi les caisses dont la salle était encombrée, la caisse des médicaments. Tête-de-Feu profita de ce moment pour aller observer dans la cour l'état de l'inondation; mais il rentra bientôt en hochant la tête.

Schmidt, qui était en train d'étudier une instruction pharmaceutique devant une boîte ouverte et remplie de flacons, interrompit sa besogne.

— Eh bien ! demanda-t-il avec inquiétude.

— On peut vous dire la vérité à vous, répliqua le coureur des bois : l'eau continue de monter.

— Et elle fait des progrès rapides ?

— Des progrès tels que, si elle ne cesse pas de croître, avant midi elle aura atteint le seuil de cette porte, avant le coucher du soleil elle aura dépassé le toit du log-cabin. Du reste le jour commence à paraître, et nous pourrons bientôt juger sainement de notre situation.

— La vie des hommes est entre les mains de Dieu! dit Schmidt.

Et il se remit à ses études médicales. Reber ne tarda pas à rentrer avec ses filles, et vint s'asseoir dans un fauteuil de bois devant le poêle. Kretle et Julia s'assirent à ses pieds ; mais tout le monde gardait le silence, et l'on n'entendait d'autre bruit que le murmure des eaux au dehors, et l'haleine régulière de l'Indien, qui dormait paisiblement dans un coin de la salle, malgré le danger.

Ainsi se passèrent les derniers instants de la nuit; le jour tant attendu finit par se lever, et les colons, même le pauvre malade, sortirent de la maison pour connaître l'étendue du désastre. Ils montèrent sur une roche à laquelle les bâtiments étaient adossés, et une scène de désolation s'offrit à leurs yeux.

Aussi loin que la vue pouvait s'étendre, le fleuve était maître ; les arbustes qui couvraient la rive opposée, la prairie, les défrichements de Reber, tout était englouti. Une portion de la forêt qui s'étendait entre Stockton et la ferme avait été aussi atteinte, et, sauf quelques points élevés du terrain qui formaient des espèces d'îlots, le pays entier avait pris l'aspect d'une mer immense. La colline dont l'habitation couronnait le sommet était elle-même couverte d'eau jusqu'à plus de la moitié de sa hauteur ; on ne voyait plus les palissades; l'étable, où se trouvaient quelques heures auparavant les bestiaux de la ferme, était submergée jusque par-dessus le toit. Heureusement, l'eau paraissait tranquille sur les terrains inondés ; elle s'élevait par un mouvement insensible et lent, quoique continu. En revanche, un courant d'une impétuosité inouïe s'était formé dans le lit du fleuve, et entraînait d'énormes glaçons, des bancs d'herbes marécageuses, et surtout de grands arbres avec leurs racines et leur feuillage. Parfois, sur ces arbres flottants, on distinguait des formes d'animaux qui se laissaient aller avec eux à la dérive; c'étaient de pauvres bêtes des bois, qui, surprises par le déluge, essayaient encore de lutter contre la mort. Ce tableau, éclairé par un jour oblique et noyé dans le brumes froides du matin, avait un caractère terrible, majestueux, solennel, qui, tout en frappant d'effroi l'âme humaine, la confondait par sa grandeur.

Naturellement, la première pensée de Reber fut pour ses défrichements.

— Tout notre travail est perdu, dit-il avec désespoir; nous ne devons plus songer à une récolte pour cette année. Bon Dieu! n'avions-nous pas assez de causes de ruine et de misère sans y ajouter celle-là?

— Allons, allons, n'exagérez rien, ami Reber, dit Tête-de-Feu; les semailles seront à recommencer, j'en conviens, mais le dégât pourra n'être pas considérable. Peut-être l'inondation va-t-elle déposer sur le sol un limon qui le rendra plus productif, et vous trouverez ainsi une compensation très suffisante à cette perte.

— A moins qu'une couche de sable ne recouvre la terre végétale, ou que les courants n'emportent cette terre avec eux ! ajouta Reber en soupirant.

Tout à coup Julia désigna un point

éloigné de l'horizon, du côté de la prairie :

— Mon père, dit-elle, ne vous semble-t-il pas que la maison de Burgwillers est déja atteinte par les eaux ? Peut-être nos excellents voisins, surpris pendant leur sommeil...

— Serait-il possible, ma sœur ? répliqua Kretle; pauvre Burgwillers, qui hier encore s'est montré si bon et si obligeant pour nous !

L'attention générale se tourna vers l'habitation de l'ancien marquard ; cette habitation était construite aussi sur un mamelon de la prairie. mais beaucoud moins haut que la ferme des Deux-Sœurs.

— Il n'y a vraiment que de nouveaux

colons pour dormir encore à cette heure, dit Tête-de-Feu avec un peu de mépris; ces gens devraient pourtant songer à sauver leurs personnes et leurs effets les plus précieux, car dans dix minutes il sera trop tard.

— Essayons de les avertir, reprit Schmidt; mais je doute qu'à cette distance ils puissent voir nos signaux ou entendre nos appels.

— Oui, essayons, murmura le malade, puisque c'est tout ce que nous pouvons faire pour eux.

Le coureur des bois se mit à sonner du cornet de toute la vigueur de ses poumons, tandis que Schmidt tirait à courts intervalles plusieurs coups de carabine. En temps ordinaire, ces bruits n'eussent pu être entendus du log-house de Burgwillers; mais on sait que les sons se propagent beaucoup plus loin sur l'eau que sur terre, ou, comme disent les physiciens, que l'eau est *bon conducteur* du son. Aussi, ces tentatives finirent-elles par obtenir le résultat attendu; la porte de la maison s'ouvrit, et on en vit sortir précipitamment plusieurs personnes qui agitaient des mouchoirs comme pour répondre aux signaux de leurs amis. Une minute après, il fut facile de comprendre aux allées et aux venues des habitants de la hutte qu'ils procédaient à un rapide déménagement.

— Les voici enfin sur pied, reprit Tête-de-Feu, et maintenant, sans doute, ils n'auront pas de peine à se tirer d'affaire... Puissions nous avoir la même chance !... Mais qu'est-ce qui prend donc à ces vaches et à ce cheval, si calmes tout à l'heure ? Et ce maudit chien, pourquoi diable aboie-t-il ainsi ? Est-ce que par hasard... Ah ! *demonio* ! je ne m'attendais pas à cela !

Il regarda fixement quelque chose qui

s'agitait au-dessous de lui, et s'écria d'un ton d'animation :

— Glissez une balle dans votre rifle, monsieur Schmidt, tandis que je vais bien vite prendre le mien... Et vous, Reber, mesdemoiselles, rentrez dans la maison... Allons ! rentrez vite, *caramba* !

Tout en parlant, il avait enlevé dans ses bras Reber, qui ne pouvait marcher et il l'emportait vers la maison ; les jeunes filles le suivirent tout effarés, sans bien savoir de quoi il s'agissait. Bientôt, le coureur des bois reparut seul dans l'enclos, sa carabine à la main.

— Tenez ferme, cria-t-il à Schmidt, mais ne tirez pas.... Nous ne serons pas trop de deux pour venir à bout de ces intrus-là.

# CHAPITRE DIXIEME

## X.

#### L'inondation.

Afin d'expliquer l'action et les paroles du coureur des bois, nous devons ici donner quelques nouveaux détails sur le lieu de la scène.

On sait que l'inondation recouvrait une grande partie du tertre où se trouvait la demeure de Reber, et que les palissades et les étables, situées beaucoup plus bas, étaient entièrement cachées sous les eaux. Le plateau qui supportait les huttes avait donc maintenant pour unique défense une nappe liquide qui, montant toujours, semblait devoir bientôt l'envahir lui-même. Or, cette sorte d'îlot devait paraître un refuge assuré aux hôtes des bois qui, surpris la nuit précédente par le débordement de la rivière, avaient été obligés, pour sauver leur vie, de s'embarquer sur des glaçons ou des troncs d'arbre. En passant à portée de ce lieu de salut, plusieurs étaient parvenus à y prendre pied, si bien qu'au bas de la roche contre laquelle les bâtiments étaient adossés, dans un étroit espace qui se rétrécissait encore de minute en minute, se trouvaient plusieurs échantillons gracieux ou terribles des animaux du pays.

Un des plus remarquables était un

magnifique élan, dont la haute taille, le bois majestueux et palmé, avaient dû faire un roi de la forêt. Puis venaient un loup gris et deux coyotes, qui, malgré leur finesse, s'étaient laissé surprendre par l'irruption du fleuve; et enfin le plus redoutable de tous, un énorme ours noir dont l'épaisse fourrure était comme lustrée par l'eau dont il sortait. Chose singulière! ces animaux, qui dans un autre moment se fussent témoigné une mortelle antipathie, demeuraient paisiblement côte à côte, sans songer à l'attaque ou à la défense; la grandeur du péril qu'ils avaient couru et qu'ils couraient encore dominait leurs instincts timides ou sanguinaires. Ils étaient si près les uns des autres qu'ils pouvaient presque se toucher, et aucun d'eux n'osait rompre l'espèce de trêve établie par une terreur commune. Ni Tête-de-Feu, ni Schmidt, ni Reber et ses filles, occupés, il est vrai, à examiner les points éloignés de l'horizon, ne s'étaient d'abord aperçus de leur présence, bien que les bêtes sauvages fussent seulement à quelques pas Les bêtes sauvages, de leur côté, devaient voir et entendre les colons ; mais pas une d'elles n'avait bougé, et leur nature farouche semblait tout à fait vaincue. Seulement, lorsque Schmidt avait tiré sa carabine pour avertir les Burgwillers, l'ours, par quelques mouvements brusques, avait donné l'alarme aux animaux domestiques. Les vaches et le cheval avaient cherché à s'enfuir, le chien s'était mis à hurler, et cette agitation avait fait découvrir enfin aux colons la compagnie nombreuse et peu choisie qui venait inopinément leur rendre visite.

Quand Tête-de-Feu reparut, Schmidt, debout sur la roche, venait de recharger sa carabine; cependant il ne se mettait pas en devoir de tirer, et examinait les naufragés d'un air de compassion.

— Eh bien! êtes-vous prêt? dit le coureur des bois à voix basse en épaulant son arme.

— Monsieur Tête-de-Feu, demanda

Schmidt avec mélancolie, avons-nous bien le droit de tuer des créatures de Dieu qui dans cette circonstance solennelle viennent réclamer notre hospitalité ? Nous ne savons pas si le fléau nous épargnera nous-mêmes, et si dans peu d'instants ce ne sera pas notre tour de mourir d'une mort affreuse ; pourquoi donc ce massacre inutile ?

Le coureur des bois l'interrompit par un éclat de rire :

— Tonnerre! ami Schmidt, s'écria-t-il, en êtes-vous là? quels baroques scrupules! Avec ces gaillards-la, comme avec les sauvages, il faut tuer ou être tué. Nous sommes dans la nécessité de les manger ou ils nous mangeront. Si l'eau venait à baisser et si le danger n'existait plus, vous verriez comme ils se traiteraient les uns les autres, comme ils traiteraient nos animaux domestiques et nous-mêmes! Allons, c'est de bonne guerre, vous dis-je. Quoique nous soyons dans une assez mauvaise passe, vous vivrez encore assez, je l'espère, pour apprécier des jambons d'ours ou une patte de cet animal grillée sous la cendre, le meilleur plat de la cuisine des chasseurs américains, après un rôti de bosse de bison. Et cet élan, aux flancs rebondis, croyez-vous qu'il ne nous donnera pas de délicieuses tranches de venaison? Nous en mangerons une partie et nous boucanerons l'autre. On croirait vraiment que le bon Dieu nous envoie ces provisions pour le cas où nous resterions longtemps bloqués par la rivière. Ainsi donc, à l'ouvrage! je me charge de l'ours; chargez-vous de l'élan. Quant aux loups, ce sont des vermines avec lesquelles nous en finirons à notre loisir. Visez droit au cœur... y êtes-vous ?

Schmidt, convaincu par la logique entraînante de son compagnon, s'était décidé à faire feu en même temps que lui, et l'on n'entendit qu'un seul coup; l'ours, atteint mortellement par la balle inévitable du coureur des bois, tomba comme foudroyé, et roula jusqu'à l'eau qu'il teignit de son sang. Schmidt avait été moins adroit; soit défaut d'habitude, soit que l'émotion eût rendu sa main moins sûre, sa balle avait percé le corps de l'élan, mais sans atteindre les organes vitaux. L'énorme animal bondit en l'air, mais il demeura debout, regardant d'un œil hagard et triste celui qui l'avait blessé.

— Ah! le coup ne vaut rien, jeune

homme, dit Tête-de-Feu d'un ton magistral, et en plaine vous eussiez certainement perdu votre gibier.

Sans prendre le temps de recharger son rifle, il sauta en bas de la roche, son couteau de chasse à la main. L'élan, malgré sa force prodigieuse et contrairement aux habitudes de sa race en pareil cas, ne tenta pas de résister, et parut oublier quelle arme terrible il avait dans son bois. En voyant le chasseur venir à lui, il fit pourtant un mouvement pour l'éviter ; mais, prompt comme la pensée, Tête-de-Feu lui traversa la gorge d'un coup de couteau. La noble bête brama de douleur, et, tombant à la renverse, faillit écraser son meurtrier, qui sauta lestement de côté.

L'ours et l'élan abattus, vint le tour des loups. Bien que le sort de leurs compagnons plus redoutables dût leur faire pressentir ce qui les attendait, aucun d'eux n'avait fui ; la vue du sang des victimes n'avait même pas éveillé leurs appétits féroces ; ils conservaient cet air ahuri, penaud, hébété qui caractérise les bêtes de proie prises au piége. Aussi le coureur des bois ne daigna-t-il pas tirer sur eux, ni même les dépêcher avec son couteau de chasse ; saisissant sa longue et lourde carabine par le canon, il s'en servit comme d'une massue pour les assommer ; au bout de quelques minutes, tous gisaient sanglants et inanimés à côté de l'ours et de l'élan.

Schmidt demeurait témoin de ce carnage sans y prendre part et sans prononcer une parole; mais Tête-de-Feu, échauffé par la lutte, disait d'un air de triomphe :

— *Caramba!* mon garçon, nous avons

joliment travaillé... Je vous l'ai dit : tuer
ou être tué, manger ou être mangé,
c'est la loi du désert et peut-être du
monde entier.

Il rejeta dans l'eau le loup et les
coyotes, dont la fourrure comme la
chair était à peu près sans valeur.

— Quant aux autres, poursuivit-il,

nous devons nous hâter de les transporter à la cuisine de nos chères petites hôtesses... Mais voyez donc, Schmidt, ajouta-t-il d'un ton différent, quels progrès fait la rivière ! Tout à l'heure la tête de l'ours trempait seule dans l'eau, et voilà que déjà le flot soulève le corps, comme s'il voulait nous le dérober... une pareille inondation n'est pas une plaisanterie !

— Et c'est pour cela, monsieur Tête-de-Feu, dit Schmidt avec un soupir, que nous eussions dû peut-être épargner ces pauvres animaux. Ne croyez-vous pas qu'il serait temps...

— Chut! dit le chasseur en prêtant l'oreille.

## CHAPITRE ONZIEME.

## XI.

**L'inondation (suite).**

On entendait une rumeur et des cris dans la maison.

— Morbleu! s'écria le coureur des

bois en colère, je gagerais que ce coquin de sauvage profite de l'occasion pour faire des siennes! Sur ma foi, je ne pensais plus à lui.

Tout à coup la porte s'ouvrit, et les cris devinrent plus distincts. Au même instant, une forme humaine passa rapidement à côté de Schmidt, bondit par-dessus la tête du coureur des bois, et s'élança dans l'eau, qui rejaillit à grand bruit.

Les deux jeunes filles et Reber lui-même accouraient en criant :

— Le prisonnier! le prisonnier!

— Eh! *demonio*! j'ai des yeux, peut-être, dit Tête-de Feu en mettant sa carabine en joue; par quel moyen le drôle est-il parvenu à se débarrasser de ses cordes? Mais il n'est pas amphibie comme le castor, et il faudra bien qu'il revienne sur l'eau pour respirer. Je l'attends.

— Ne tirez pas, au nom de Dieu! s'écrièrent Kretle et Julia.

— Laissez-le du moins tenter cette dernière chance de salut, dit Schmidt avec douceur; bientôt nous n'aurons plus rien à craindre de lui ni de personne. D'ailleurs, ce serait une barbarie de le tuer ainsi quand il est sans défense.

Tête-de-Feu ne répondait pas et tenait toujours sa carabine à l'épaule pour faire feu aussitôt que Vent-du-Nord reparaîtrait à la surface de l'eau. Enfin, à cinquante pas de l'îlot se dressa une tête bronzée, surmontée d'une touffe de plumes, et l'Indien poussa un hurlement qui semblait être un cri de guerre et de défi.

Le coureur des bois n'hésita pas et lâcha la détente; mais il avait oublié que son arme n'était plus chargée. Il poussa une imprécation de fureur, à laquelle l'Indien répondit par un nouveau hurlement de provocation.

— Brigand! tu n'en es pas où tu crois, reprit Tête-de-Feu; il ne faut pas longtemps à un vieux chasseur pour charger son rifle, et, avant que tu sois hors de portée, tu auras ton compte, je te le promets.

En effet, il glissa une cartouche à balle dans sa carabine, et, au bout de quelques secondes, il se retrouvait en garde. En voyant ce mouvement hostile, l'Indien, se hâta de plonger et disparut encore une fois.

—C'est bon, c'est bon! dit Tête-de-Feu d'un ton narquois, ce jeu ne peut pas durer, et mon tour va venir.

Les assistants épiaient le moment où la tête surmontée de plumes reparaîtrait sur l'eau; mais, à leur grand étonnement, près d'une minute s'écoula sans que rien dépassât le niveau de la rivière.

—Tonnerre! dit enfin le coureur des bois, le coquin se serait-il noyé tout de bon pour me faire niche?

— On ne le voit plus, répliqua Schmidt; mais quand même il ne serait pas encore noyé, vous n'avez pas besoin de recourir à vos armes : comment pourrait-il traverser, dans cette eau glacée et profonde, l'immense espace qui nous sépare de la terre ferme ?

— Bah ! croyez-vous avoir affaire à un petit-maître d'Europe ? Vous ne savez pas comme ces peaux rouges ont la vie dure... Celui-ci serait capable de nager jusqu'à Stockton sans reprendre haleine, et quant au froid il ne s'en soucie guère. Mais, véritablement, il ne reparaît plus... Il doit y avoir là-dessous quelqu'une de leurs manigances indiennes.... Ah! parbleu!... j'y suis.... Voyez donc ce coyote qui, tout mort qu'il est, a l'air de vouloir gagner la forêt!... Ma foi! je ne me serais pas attendu à celle-là! mais ça ne prendra pas.

Et il se mit de nouveau en devoir de tirer.

On se souvient que Tête-de-Feu, après avoir assommé les loups qui s'etaient réfugiés sur le territoire de la ferme, les avait rejetés à l'eau; leurs corps flottaient encore à quelque distance sur la surface tranquille de l'immense lac. Or, le fugitif avait imaginé de se faire un rempart du corps d'un des coyotes, et, tout en nageant d'une main, il abritait sa tête derrière l'épaisse fourrure et le ventre rebondi de l'animal défunt. Néanmoins, ce stratagème n'avait pu tromper longtemps le chasseur, que ses longues pérégrinations dans les déserts américains avaient familiarisé avec les ruses de ce genre. Il tira donc sur le loup, et une légère vapeur, en s'élevant du corps du coyote, prouva que la balle avait atteint son but. Mais, au même instant, l'indien dressa encore une fois sa tête au-dessus de son bouclier improvisé, et poussa son cri de guerre.

— Grâce à Dieu, il n'a point été touché! dit Schmidt, qui respira plus librement.

— Ses bravades ne prouvent rien, répliqua Tête-de-Feu avec animation; une balle sortie de mon rifle doit savoir trouver son chemin à travers la chair et la peau d'un méchant loup des prairies, et, comme le prétendu Konsa se trouvait derrière...

—Ah! monsieur Tête-de-Feu, dit Julia d'un ton de reproche, laissez-nous croire que ce pauvre diable peut encore se sauver.

— Se sauver! s'écria le chasseur, qui perdait patience, eh bien! s'il parvient à se sauver, savez-vous, mademoiselle, quelle sera la première chose qu'il fera en arrivant dans sa tribu? ce sera d'ameuter contre nous ses démons de compatriotes, et, une belle nuit, quand nous y penserons le moins, ils viendront ici une centaine, armés de leurs lances, de leurs flèches et de leurs tomahawks; ils arracheront les plantations, renverseront les palissades, brûleront les bâtiments; ils prendront la chevelure de votre père, celle de votre ami Schmidt, la mienne, si toutefois nous les laissons faire; quant à vous et à votre sœur, votre sort sera peut-être plus triste encore. Vous vouliez la vérité, la voilà... Mais, tonnerre! puisqu'il n'y a pas d'autre moyen, vous allez voir!

L'intrépide Tête-de-Feu rejeta sa chaussure, son rifle, et tout ce qui eût pu gêner ses mouvements; puis, prenant son couteau de chasse entre ses dents.

il allait se mettre à la nage à son tour, quand Schmidt le retint.

— C'est inutile, dit-il; si bon nageur que vous soyez, vous ne pourriez plus l'atteindre.

# CHAPITRE DOUZIÈME

## XII.

*L'inondation (suite).*

L'Indien, en effet, avait profité de ce court moment de répit pour fendre l'eau avec vigueur, si bien qu'il se trouvait déjà fort loin de la ferme.

— Vous avez raison, dit le coureur des bois avec dépit, il a trop d'avance à présent; mais il est encore à portée de carabine, et je vais...

— Ne pensez plus au sauvage, je vous en prie, répliqua Schmidt; faible comme il est, les membres meurtris par ses liens, blessé peut être, je doute qu'il réussisse à traverser cette vaste étendue d'eau.... Laissons donc son sort s'accomplir, et ne pensons plus qu'à nous-mêmes. Regardez, monsieur Tête-de-Feu; il est temps de prendre un parti, si nous ne voulons tous périr.

— Oui, sauvez-nous! s'écria Kretle éperdue, sauvez mon père, sauvez Julia!

Le jour était déja haut, et la brume

froide qui flottait dans l'atmosphère commençait à se dissiper sous les rayons d'un pâle soleil ; on pouvait maintenant saisir les moindres détails de cette scène diluvienne. Des eaux bourbeuses, chargées de glaçons et de débris de toutes sortes étendaient à perte de vue leur inexorable niveau ; c'était seulement aux dernières limites de l'horizon que la verdure grisâtre de la prairie se montrait encore. La demeure des Burgwillers était déjà partiellement envahie par les flots, et l'on distinguait l'ancien marquard et sa famille groupés sur un monticule, au milieu des meubles et des effets qu'ils avaient sauvés du naufrage. Mais loin de pouvoir porter secours aux habitants des Deux-Sœurs, ils semblaient incertains eux-mêmes si le fleuve ne viendrait pas les arracher de leur dernier asile.

Les autres points de terrain qui formaient des îlots une heure auparavant avaient été successivement submergés; seule la ferme de Reber se dressait encore intacte au-dessus de cette plaine d'eau à laquelle mille alternatives d'ombre et de lumière donnaient des teintes variées, quoique toujours sinistres.

Mais si la perte de l'habitation était retardée, elle n'en paraissait pas moins inévitable. Le progrès de l'inondation, quoique lent et insensible en apparence, était en réalité rapide et effrayant. Il n'y avait plus qu'une bande de sept à huit pas entre l'eau et le seuil de la porte ; dans cet espace restreint se pressaient les bœufs, le chien, le cheval, qui continuaient de s'agiter en poussant des cris de détresse. Au milieu de la rivière, le courant, de plus en plus furieux, grondait comme une cataracte emportant sans effort sa colossale écume d'herbes, de glaces et de troncs d'arbres.

Tête-de-Feu ne pouvait méconnaître l'imminence du danger.

— C'est, ma foi, vrai ! reprit-il après un rapide examen, cette maudite rivière a l'air de vouloir nous happer aussi... Eh bien ! que ce gredin de peau rouge se sauve, s'il le peut ! je le retrouverai peut-être un jour, et alors... Mais le temps presse, il faut nous hâter de construire un radeau sur lequel vous vous embarquerez tous avec vos effets les plus précieux.

— A l'ouvrage, donc, monsieur Tête-de-Feu ! dit Schmidt avec chaleur. Voici justement près de la cuisine des poutres et des planches que j'avais préparées pour agrandir nos constructions au printemps. Si le bois nous manquait, nous pourrions démolir la cuisine elle-même afin d'en avoir les matériaux.

—Laissez-moi le soin de diriger ce travail, mon garçon! ce ne sera pas la première fois que j'aurai construit un radeau. Qu'on me donne une hache et des cordes, et nous irons lestement en besogne.

Les deux jeunes filles s'empressèren de courir à la maison pour chercher ce qu'il demandait. Pendant que Schmidt disposait les planches et les solives, Tête-de-Feu, ayant tiré hors de l'eau les corps de l'ours et de l'élan, parvint à les amarrer au mur de la cuisine. Le pauvre Reber, assis sur le rocher, la tête dans ses mains, se désolait de son inaction.

— Mon Dieu! dit-il, ne m'accorderez-vous pas la faveur de faire aussi quelque chose pour le salut de mes enfants et de mes amis? Faut-il que je sois faible, malade, inutile, quand mon secours leur serait si nécessaire!

—Allons, allons, ami Reber, dit Tête-de-Feu, ayez l'esprit en repos. La construction d'un radeau n'est qu'une bagatelle, et nous vous transporterons, vous et vos chères petites, jusqu'à la terre ferme, tandis que les bœufs et le cheval suivront à la nage. Nous vous installerons chez quelque brave colon où l'on vous dorlottera et où l'on vous débarrassera bien vite de votre mal. Je connais de longue date cette maudite fièvre de prairie; on la guérit avec de l'écorce de cerisier sauvage. Courage, donc, et tout ira bien.

Malgré cette invitation, Reber voulut se lever pour mettre la main à l'œuvre commune; mais la force lui manqua, et il retomba sur la pierre qui lui servait de siége.

# CHAPITRE TREIZIÈME

## XIII.

L'inondation (suite).

Bientôt tout le monde fut au travail. Schmidt allait chercher les pièces de bois que Tête-de-Feu attachait solidement les unes aux autres, de manière à former une espèce de plate-forme, et les jeunes filles s'empressaient de rassembler les objets qu'elles voulaient emporter avec elles. Tandis qu'il se livrait avec ardeur à cette occupation, le coureur des bois, rancunier à l'excès, comme on a pu le voir, revenait sans cesse sur le compte de l'Indien, qui avait disparu depuis longtemps au milieu des objets flottants apportés par l'inondation, et il ne pouvait s'expliquer sa fuite. Kretle et Julia, non sans rougir un peu, lui firent alors des aveux complets.

Quand elles étaient rentrées dans la maison, la vue du peau rouge, étroitement garotté depuis la veille, avait de nouveau éveillé leur pitié. Elles s'étaient dit qu'il y aurait cruauté à laisser le prisonnier privé de l'usage de ses membres, quand d'un moment à l'autre peut-être les eaux allaient envahir l'habitation; aussi avaient-elles considéré comme un devoir de le débarrasser de ses liens. Elles avaient bien remarqué, en procédant à cette opération, que les cordes étaient détendues et n'avaient pas dû gêner beaucoup Vent-du-Nord;

l'une de ces cordes paraissait même usée par le frottement et s'était détachée au premier contact. Mais les jolies libératrices, n'accordant aucune importance à ces détails, avaient réalisé leur intention charitable, convaincues que les bras meurtris et les jambes enflées du prisonnier ne lui permettraient pas de se mouvoir de longtemps. Aussi, quelles avaient été leur surprise et leur frayeur quand l'Indien, après s'être un moment frictionné les jambes et les bras comme pour dissiper un reste d'engourdissement, s'était tout à coup dressé sur ses pieds et s'était élancé vers la porte avec l'agilité d'un cerf! Alors elles avaient crié pour donner l'alarme; mais l'avertissement venait trop tard, et le fugitif s'était déjà précipité dans le fleuve.

Tête-de-Feu écouta ces explications sans interrompre sa tâche.

— Oui, répliqua-t-il, je devine maintenant la manœuvre de ce maudit espion. Tout en feignant de dormir, il aura travaillé une partie de la nuit à user ses cordes, et il méditait probablement quelque projet hardi que votre bonté a rendu inutile, car ces satanés peaux rouges ruminent toujours des trahisons. On aurait cru qu'il ne pouvait rien voir et rien savoir quand il était enfermé dans le log-cabin; et pourtant, soyez-en sûres, il n'ignorait rien de ce qui se passait ici... Ils ont les sens d'une finesse incroyable, et toute la sagacité de l'enfer... Enfin il est parti;

qu'il aille au diable! Vous avez cru faire pour le mieux, mes chères demoiselles; espérons qu'il n'en résultera rien de fâcheux.

Peut-être, si Schmidt ou Reber eût rendu la liberté à l'espion indien, l'irascible Tête-de-Feu ne se fût-il pas montré si accommodant; mais on a remarqué déjà que la douceur et la faiblesse des deux sœurs exerçaient sur lui un empire absolu : c'était la seule influence à laquelle pût céder cette rude nature, impatiente de tout joug et de tout frein.

Cependant le radeau prenait rapidement une forme. On le construisait devant la porte de la maison, de sorte que l'inondation, en arrivant au seuil, devait le faire flotter naturellement. Kretle et Julia continuaient d'apporter les objets qu'elles désiraient sauver du naufrage; l'on entendait sans relâche le bruit des haches et des marteaux.

Plusieurs heures se passèrent ainsi, et la rivière n'avait pas cessé de monter. Il ne restait plus que quelques pieds de terrain sec autour de la maison. Les jeunes filles contemplaient avec une indicible terreur cette vaste nappe d'eau qui les gagnait toujours. Bien avant que le soleil eût atteint le milieu de sa course, l'embarcation était complétement terminée et chargée. Déjà Reber y avait pris place sur un matelas, au milieu des paquets de toute sorte, et les jeunes filles s'étaient assises à ses côtés. Dans l'attente de la catastrophe prochaine,

Tête-de-Feu façonnait avec sa hache une paire d'avirons dont il comptait se servir pour diriger le radeau, et Schmidt liait le cheval et les vaches à l'arrière, afin de les entraîner quand on se mettrait en marche. Tout à coup Kretle, qui depuis un moment demeurait immobile et attentive, poussa un cri de joie.

— Mon père! mes amis! dit-elle, je ne sais si je me trompe, mais il me semble...

— Quoi donc, ma sœur? demanda Julia.

Kretle lui montra un caillou qu'elle avait posé quelques minutes auparavant sur la limite de la nappe d'eau.

— Julia, je crois être sûre que l'eau commence à baisser... ou du moins qu'elle ne monte plus.

— Serait-il possible ? s'écria Schmidt ; oh ! je donnerais dix années de mon existence, chère Kretle, pour que vous ne vous soyez pas trompée !

— Nous allons voir ! dit Tête-de-Feu.

Il prit la pierre, et la posa de nouveau sur la limite extrême de l'inondation. Puis tous, même Reber, qui s'était soulevé sur le coude, restèrent immobiles, haletants, les yeux fixés sur le caillou indicateur.

Plusieurs minutes s'écoulèrent ainsi ; les cœurs battaient avec violence, les yeux se fatiguaient à regarder continuellement le même objet. Cependant l'incertitude ne cessait pas : bien que l'eau fût calme, comme nous l'avons dit, des oscillations légères se formaient sur les bords ; ce fut seulement après une assez longue attente que l'on eut des signes certains. La pierre semblait s'éloigner peu à peu de la rivière; l'inondation diminuait lentement, mais elle diminuait.

Quand on acquit cette certitude, tous les assistants laissèrent éclater une vive allégresse. Schmidt levait les yeux au ciel; les jeunes filles s'étaient jetées à genoux et priaient avec ferveur. Tête-de-Feu crut prudent de modérer cette espérance prématurée.

— Mes amis, dit-il avec embarras, je ne voudrais pas être un prophète de malheur, mais, je vous en prie, ne vous hâtez pas trop de vous réjouir... L'eau baisse un peu, j'en conviens, mais nous ne savons si elle ne se remettra pas bientôt à monter. Les rivières débordées ont de ces traîtrises-là... Aussi, ne nous y fions pas, croyez-moi, et tenons-nous prêts à tout événement.

Cet avis était sage; on ne changea

donc rien aux dispositions déjà prises, et les bagages restèrent sur le radeau. Heureusement, les craintes de Tête-de-Feu ne se réalisèrent pas; l'inondation devait être d'autant plus courte qu'elle avait été plus prompte et plus terrible. En une heure, l'eau s'éloigna de plus d'un pied de la pierre indicatrice; sans aucun doute, le fléau était entré dans sa période décroissante.

Cependant on ne voulut pas décharger le radeau; on se contenta de transporter le malade dans l'habitation, et on fit un léger repas, car personne, depuis la veille au soir, n'avait pris de nourriture. Le déjeuner terminé, on courut avec empressement sur le seuil de la porte pour juger de l'état des choses : l'eau avait encore baissé d'un pied. Tête-de-Feu lui-même ne conserva plus aucune appréhension.

— Allons, Schmidt, mesdemoiselles !

dit-il d'un ton rassurant, hâtons-nous de remettre ces objets en place; il n'y a plus rien à craindre... Par exemple, nous resterons bloqués ici pendant huit ou quinze jours, en attendant que les eaux soient complétement retirées; mais cela ne doit pas nous inquiéter. Nous sommes bien avitaillés : nous avons dans notre garde-manger la moitié d'un cerf, un ours et un élan, sans compter les autres provisions; et, sapristi! les grandes gens de l'Europe ne pourraient pas se vanter de faire aussi bonne chère! Il s'agit donc de prendre notre mal en patience et d'attendre des temps plus heureux.

— Oui, monsieur Tête-de-Feu, dit Julia en joignant les mains, la Providence nous a manifestement protégés. Ah! si seulement notre père avait encore la force et la santé!

— Bah! nous le guérirons, dit le coureur des bois.

— Nous le guérirons, répéta Kretle.

On se mit courageusement à l'ouvrage.

— Monsieur Tête-de-Feu, demanda Schmidt, en désignant les animaux de la ferme, qui se pressaient tristement autour d'eux, comment nourrirons-nous ces pauvres bêtes pendant que nous serons cernés par la rivière ?

— Ne vous inquiétez pas; nous leur construirons un abri avec des planches, là, entre la cuisine et l'habitation, jusqu'à ce que leur étable soit hors de l'eau. Quant à leur nourriture, ma foi! puisque le radeau est construit, autant vaut l'utiliser; je m'en servirai pour aller à la forêt chercher des branches. Morbleu! ami Schmidt, il ne faut pas être embarrassé de tout! L'homme est fait pour surmonter les difficultés et les obstacles à force d'intelligence et de volonté.

Schmidt ne répondit rien, mais il jeta un regard désolé sur l'immense déluge qu'éclairait par places un soleil blafard; puis il se tourna vers la maison, échappée avec tant de peine à l'inondation, et où l'on entendait les faibles gémissements du malade.

— Un danger est évité, murmura-t-il, mais combien d'autres se présenteront que nous ne pourrons peut-être éviter de même!

# CHAPITRE QUATORZIÈME.

## XIV.

**Les nouvelles.**

Trois mois se sont écoulés et nous avons à présenter au lecteur un tableau bien différent de celui qui a fait l'objet des précédents chapitres. L'inondation avait disparu depuis longtemps ; la rivière, rentrée dans son lit, n'avait plus que l'apparence d'un tranquille cours d'eau, serpentant à travers des rangées de saules et de cotonniers. Le printemps, la plus belle saison pour la prairie, avait effacé les traces du fléau qui avait désolé le pays vers la fin de l'hiver. La forêt avait repris sa splendide parure de feuillage ; les bords de la rivière et surtout les environs de la ferme s'étaient couverts d'une herbe courte et verte appelée *gramma*, pâturage excellent qui est particulier au centre de l'Amérique.

La prairie elle-même n'avait plus ses teintes grisâtres et terreuses ; parmi les grandes touffes d'armoise aux couleurs glauques dont elle est toujours revêtue on apercevait des places d'un vert éclatant. Malheureusement le soleil de feu qui resplendissait chaque jour dans un ciel sans nuage, un vent desséchant qui soufflait par intervalles sur ces vastes solitudes où rien ne pouvait arrêter ou modérer son cours, devaient en peu de temps effacer ces teintes riantes, cette végétation passagère, et rendre au désert son aspect de stérilité.

La ferme et les défrichements qui en étaient les dépendances ne paraissaient pas non plus avoir beaucoup souffert, ou du moins les désastres avaient été promptement réparés : il avait suffi de consolider les pieux ébranlés par les courants et de remplacer ceux qui avaient été arrachés. A la vérité, il avait fallu ensemencer les terres de nouveau, ce qui avait été une grosse dépense pour le colon ; mais la récolte s'annonçait d'une manière merveilleuse : ce sol vierge semblait vouloir donner des produits en raison directe des difficultés qu'il avait opposées à la culture. On eût pu voir, à travers les palissades, de beaux plants de maïs en pleine fleur, des champs luxuriants de pommes de terre, et même de belles nappes de blé aux épis déjà formés. En dehors des enclos, des tas de foin odorant séchaient au soleil ; et malgré cette récolte abondante, la terre, toujours fraîche au pied de la colline, offrait aux vaches un pacage qui semblait renaître à mesure qu'on le tondait.

Aussi, à l'époque dont nous parlons,

vers la fin d'une chaude journée, tous les bestiaux de la ferme, c'est-à-dire quatre vaches aux flancs rebondis et deux veaux nouveaux-nés, paissaient-ils tranquillement dans l'espèce de vallon qui séparait l'habitation de la forêt. Il s'était formé en cet endroit, depuis la dernière inondation, une petite source que les ardeurs de l'été ne devaient sans doute pas tarder à tarir, mais qui provisoirement entretenait dans ce pli du terrain une verdure fleurie. Le vigilant Polak, le chien de l'habitation, se trouvait là aussi, rôdant d'un air empressé, et s'interrompant parfois pour donner la chasse à un lièvre de sauges, à un raton dont la piste se trouvait sur son passage. A la rigueur, Polak eût suffi pour garder ces paisibles ruminants, d'autant plus qu'il était facile de les surveiller de la ferme voisine; mais, afin sans doute que l'idylle fût complète, une bergère était assise à l'ombre épaisse d'un cotonnier.

Cette bergère ne tenait pas la quenouille traditionnelle de lin ou de laine pour employer ses loisirs, car le lin et la laine manquaient absolument à la ferme des Deux-Sœurs. En revanche, elle avait la jeunesse et la beauté exigées par les pastorales ; c'était la jolie Kretle Reber. Un chapeau de paille à larges bords et une robe en cotonnade de couleur claire formaient sa parure, qui était encore en harmonie avec les traditions de l'églogue. Mais là s'arrêtait la comparaison, et toute autre assimilation devenait impossible entre la bergère du Kansas et celles de l'Arcadie. Aucun chant de fauvette et de rossignol ne se faisait entendre au-dessus de la tête de la pauvre Kretle, aucun berger ne la charmait par les sons lointains d'une flûte ou d'une musette. La nature, à quelque distance autour d'elle, reprenait son caractère âpre et hostile; et quand le regard s'égarait sur les plaines incommensurables du désert, les idées gracieuses s'envolaient pour laisser place aux idées de solitude sauvage et de désolation.

Aussi Kretle n'avait-elle pas cet air

gai et souriant qu'eût dû lui donner le calme apparent de sa situation actuelle, loin de là, son attitude était morne, abattue, ses yeux étaient rouges de larmes. Elle s'occupait d'un ouvrage à l'aiguille; mais de temps en temps elle interrompait son travail pour examiner, soit la ferme, soit le sentier qui se dirigeait vers la forêt, et elle poussait de profonds soupirs.

Le soleil touchait l'horizon sans nuages, et la crète des collines éloignées commençait à échancrer son disque éblouissant. La jeune bergère jugea le moment venu de retourner à l'habitation, pour aider sa sœur aux travaux de chaque soir. Elle plia donc son ouvrage, se leva, et dit un mot à Polak pour lui commander de réunir les vaches; l'intelligent animal obéit avec des bonds joyeux. Kretle, debout au pied de l'arbre qui lui avait prêté son ombrage, allait donner le signal du départ, quand la vue d'un cavalier qui venait de sortir de la forêt et s'avançait au grand trot vers les défrichements, la retint à la même place : elle avait reconnu Schmidt.

— Enfin! murmura-t-elle avec un accent de joie.

Sans doute, de son côté, Schmidt avait aperçu la jeune fille, car il pressa encore le pas de sa monture et ne répondit pas aux caresses du chien qui était accouru pour lui souhaiter la bienvenue. En peu de temps il fut auprès de Kretle et mit pied à terre. Il était vêtu avec plus de soin qu'à l'ordinaire, et semblait revenir d'un voyage pour lequel il avait pris le cheval de Reber.

Les deux jeunes gens se saluèrent par un sourire affectueux.

— Eh bien, chère Kretle, demanda Schmidt avec empressement, comment va le malade?

— Depuis hier que vous êtes parti, mon bon Schmidt, il ne s'est manifesté aucune amélioration; le dernier accès de fièvre a été aussi violent que les autres. C'est à perdre l'espoir et le courage! Je pensais, Schmidt, que vous auriez décidé le médecin de Stockton à vous accompagner ici?

— Ce n'est pas ma faute, mademoiselle Kretle, si je n'ai pu le déterminer à se mettre en route avec moi. Il est arrivé là-bas, à la ville, un grand nombre de colons, et la plupart sont pris aussi de cette maudite fièvre; le docteur ne sait auquel entendre. Comme je le pressais de faire le voyage, il m'a répondu en colère : « qu'il avait coupé trois fois la fièvre à M. Reber, et que trois fois la fièvre était revenue; que le malade avait des peines morales qui neutralisaient l'effet des remèdes, et qu'il ne pouvait rien contre la nostalgie. » Puis il m'a tourné le dos. Enfin, à force d'instances, il m'a donné quelques médicaments que je vous apporte... toujours les mêmes.

— Et, selon toute apparence, ils ne réussiront pas mieux que les précédents, dit Kretle en fondant en larmes Ah ! mon bon Schmidt, que ferons-nous ? Mon pauvre père va s'affaiblissant de plus en plus ; lui, autrefois si robuste et si actif, ne peut presque plus quitter son lit ; toute la charge des travaux et des soucis retombe sur vous seul .. Mais sans doute vous n'avez pas manqué non plus de consulter le docteur au sujet de Julia? L'affaiblissement continuel de ma pauvre sœur m'alarme presque autant que le mal de mon père lui-même; le docteur vous a-t-il donné une ordonnance pour Julia?

— Il m'a écouté distraitement quand je lui ai parlé d'elle; puis il m'a répondu qu'il ne pouvait traiter les malades à distance, que si Mlle Reber avait besoin de ses soins, elle devait venir à Stockton. Comme j'insistais, il m'a fait plusieurs questions sur les symptômes qu'elle éprouvait, et il a fini par me dire avec brutalité : « Encore une nostalgie » à laquelle je ne peux rien ! Que cette » demoiselle retourne dans son pays ou » aille rejoindre son amoureux, si elle » en a un ; cela vaudra mieux que tous » les remèdes de la Faculté. » Là-dessus, il est parti sans vouloir m'écouter davantage.

— Pauvre sœur! mais le docteur a raison; c'est le chagrin et non le mal qui la mine et la tue... Eh bien! mon cher Schmidt, poursuivit Kretle en baissant la voix, ne lui apportez-vous pas du moins quelque bonne nouvelle dont l'effet pourrait être plus salutaire pour Julia que les médicaments du docteur?

— Rien, Kretle, répliqua Schmidt avec accablement.

— Quoi! pas une lettre de France ou de New-York? pas même un mot de M. Girard?

— Absolument rien. Je suis chargé d'une lettre pour le voisin Burgwillers; mais M. Jones m'a donné par deux fois l'assurance qu'il n'était arrivé aucun paquet à l'adresse de la famille Reber.

— C'est inconcevable! Eh! bien,

Schmidt, pendant que nous sommes seuls, je veux vous dire toute ma pensée à cet égard : ce silence prolongé des personnes qui peuvent nous porter de l'affection ou de l'intérêt est il naturel ? Ne soupçonnez-vous pas, comme moi, qu'un ennemi intercepte nos lettres dans le but de nous nuire et de nous désespérer ?

— Je l'avoue, Kretle, cette pensée m'est venue déjà ; mais il faut bien se garder d'accuser quelqu'un d'une pareille infamie avant d'être sûr...

— Je n'accuse pas ; et cependant, Schmidt, il s'est trouvé des hommes pour commettre des crimes non moins lâches et non moins abominables.

— Que faire alors? Si Reber revenait à la santé, je pourrais me rendre à New-York et m'informer des causes de ce silence ; mais comment vous laisser seules avec votre père malade dans cette solitude ?

— Ne nous quittez pas, ne songez pas à nous quitter, Schmidt! s'écria Kretle avec feu; bon Dieu! que deviendrions-nous sans vous ?

Puis, craignant de s'être exprimée avec trop de vivacité, elle reprit en baissant les yeux :

— Julia certainement doit nous voir

de la maison, et j'aurais cru qu'elle accourrait au-devant de nous ; mais elle ne compte plus sur d'heureuses nouvelles, et elle ne se presse pas de venir chercher des déceptions. Peut-être aussi notre père se trouve-t-il plus mal, ou bien elle-même... Allons, Schmidt, retournons à la ferme, et, pendant le trajet, vous me raconterez en détail votre visite à Stockton.

Avec l'aide de Polak, elle poussa les vaches dans le sentier tortueux qui montait à l'habitation et se mit à marcher à côté de Schmidt.

Ils firent ainsi quelques pas en silence; Kretle reprit enfin :

— En allant à la ville, Schmidt, vous aviez un autre but que de consulter le médecin pour nos pauvres malades; vous étiez encore chargé de contracter un emprunt au nom de mon père; eh bien ! M. Jones consent-il à nous faire de nouvelles avances ?

— Avec M. Jones, chère Kretle, comme avec le docteur, je n'ai pas été heureux cette fois dans mes négociations; je n'apporte au logis ni argent ni provisions. Quand j'ai présenté ma requête à M. le facteur, il est allé chercher son grand registre, et m'a dit de son ton doucereux que Reber devait à la compagnie une somme qui, avec les intérêts, dépassait déjà mille dollars; que la propriété ne pourrait peut-être s'évaluer à pareille somme, et que, loin de vouloir nous avancer encore de l'argent, on songeait à nous réclamer prochainement l'arriéré.

— Serait-il possible, mon cher Schmidt? Alors, juste ciel! que deviendrions-nous ?

— Ah! Kretle, nous sommes entre

les mains de spéculateurs sans entrailles, et j'ai prévu depuis longtemps... Du reste, M. Jones m'a dit que cette affaire ne dépendait plus de lui. Il est arrivé récemment de New-York un nouveau facteur chargé des pleins pouvoirs de la société William Bell ; ce nouveau facteur a seul l'autorité suffisante pour accepter ou refuser les emprunts, et c'est à lui que nous devrons nous adresser à l'avenir. M. Jones, si l'on en croit ses lamentations hypocrites, est accusé d'un excès d'indulgence, de commisération envers les débiteurs de la compagnie ; il devra se borner désormais à remplir ses devoirs de ministre méthodiste et quelques autres fonctions subalternes.

— Dans ce cas, Schmidt, pourquoi n'avez-vous pas cherché à vous rapprocher du nouvel agent et tenté de l'émouvoir en notre faveur ? Si dur et si avare qu'il soit, il ne saurait être plus dur et plus avare que l'ancien.

— Qui sait, Kretle! répliqua Schmidt

en détournant la tête; d'ailleurs il ne se trouvait pas à Stockton; il était en tournée dans le voisinage, chez des colons dont la position est la même que celle de Reber. Mais nous ne pouvons manquer de recevoir bientôt sa visite, car M. Jones m'a assuré qu'il passerait par ici d'un moment à l'autre.

— Il viendra ici ! s'écria Kretle. Ah ! tant mieux ! il verra nos chagrins, nos souffrances supportées courageusement, et nous le supplierons avec tant d'in stances qu'il ne nous refusera pas son appui.

Schmidt ne répliqua pas, mais il hocha la tête comme s'il n'eût pas partagé cet espoir. Au moment où l'on approchait des palissades, il demanda d'un air d'intérêt :

— Tête-de-Feu est-il de retour?

— Pas encore et son absence commence à m'inquiéter. Il est parti depuis huit jours pour aller chasser dans la prairie, et, quoique son humeur nomade ne lui permette pas de s'arrêter longtemps dans le même lieu, jamais, depuis que nous connaissons ce digne homme, il n'était resté si longtemps éloigné de l'habitation. Pourvu qu'il ne lui soit pas arrivé quelque malheur!

— Ne craignez pas cela, mademoiselle Kretle; Tête-de-Feu sait prévoir le péril et s'en préserver.. Néanmoins je regrette beaucoup son absence dans les circonstances critiques où nous sommes.

— Eh quoi! mon bon Schmidt, di Kretle en s'arrêtant, ne compteriez-vous plus sur vous-même pour nous conseiller et nous défendre? Cependant, depuis notre départ de France, vous n'avez pas failli une seule fois à cette généreuse tâche... Tenez, Schmidt, ajouta-t-elle avec attendrissement, je n'ose d'ordinaire vous exprimer combien je suis touchée de vos soins, de vos sacrifices; mais je n'y puis plus tenir et il faut que vous sachiez...

Elle s'interrompit et baissa les yeux.

— Kretle, ma chère Kretle, répliqua Schmidt non moins ému, pourquoi nac'hevez-vous pas ?

— Je voulais dire seulement que j'avais pour vous autant d'affection que de reconnaissance.

— Merci, Kretle, mais je ne mérite pas cette reconnaissance. S'il faut le dire, en dépit de moi-même, en dépit de vos refus persévérants, je conserve une espérance qui me rend faciles tous les sacrifices ; et, bien que vous m'ayez défendu de revenir sur ce sujet...

— Paix! mon ami, mon frère! interrompit Kretle; vous savez bien que je ne puis jamais être votre femme.

— Pourquoi cela? répliqua Schmidt avec énergie. Qui vous en empêcherait si vous aviez vraiment pour moi cette estime et cette affection dont vous parlez? Je n'aurais pas voulu réveiller ces douloureux souvenirs du passé; mais, puisque vous les avez rappelés vous-même, au nom du ciel! que craignez-vous maintenant? A mes yeux, comme aux yeux de Dieu, vous êtes demeurée pure ; et qu'avons-nous ici à redouter de la médisance, des préjugés qui règnent si despotiquement dans le reste du monde? Ah! Kretle, si vous le vouliez, cette solitude deviendrait pour moi comme un paradis !

— Paix! encore une fois, Schmidt, répliqua la jeune fille toute palpitante. Tant que l'homme dont le nom seul suffit pour appeler la rougeur sur mon front sera sur la terre, je n'accéderai pas à votre désir, dussé-je moi-même en mourir de regret !

Schmidt, par un mouvement spontané, se tourna vers un point éloigné de l'horizon et parut menacer un ennemi invisible ; Kretle remarqua ce geste mystérieux.

— J'ai dit cela, mon ami, ajouta-t-elle avec un sourire triste, parce que la pensée de le tuer ne saurait entrer dans votre âme honnête et bonne. D'ailleurs, un espace immense nous sépare de lui, et, selon toute apparence nous ne le reverrons plus.

Schmidt demeura profondément abattu.

— Je n'ai jamais eu de bonheur, murmura-t-il enfin avec sa douceur mélancolique, et la fatalité qui s'est attachée à moi depuis mon enfance me poursuit encore. Cependant je ne me considérerai pas comme tout à fait malheureux, Kretle, tant que vous me permettrez de rester près de vous et de vous consacrer mon existence.

Kretle lui tendit une main qu'il retint entre les siennes.

On atteignit ainsi les palissades, dont la porte était demeuré ouverte afin que les bestiaux pussent entrer librement, et les paisibles animaux se hâtèrent de regagner leur étable. Tandis que le jeune homme s'occupait du cheval fatigué, Kretle arrangeait ses vaches pour la nuit. Leur besogne était à peine terminée quand ils virent Julia traverser l'enclos pour venir les joindre.

L'aînée des demoiselles Reber était dans un état digne de pitié; sa pâleur diaphane, ses yeux cernés, sa faiblesse. annonçaient une consomption avancée.

Elle n'avait pour coiffure que les tresses épaisses de ses cheveux noirs, et une robe flottante recouvrait ses membres amaigris ; cependant elle paraissait écrasée sous le poids de ses vêtements, et elle se traînait avec effort. Elle sourit à Kretle, et, tendant la main à Schmidt, elle lui dit simplement :

— Eh bien ! mon ami, avez-vous réussi ?

Schmidt secoua la tête.

— Je m'en doutais, répliqua Julia d'un ton mélancolique, mais sans montrer ni désappointement ni surprise. Allons, venez vite, mon père sait que vous êtes de retour, il vous attend, et l'impatience lui fait du mal.

FIN DU HUITIÈME VOLUME.

---

Argenteui . = Typ. WORMS et Cie.

EN VENTE

## LE BOSSU
par PAUL FÉVAL, auteur de la Louve, l'Homme de Fer, etc., etc.

## LES COUREURS D'AMOURETTES
par MAXIMILIEN PERRIN, auteur de l'Ami de ma Femme, les Folies de Jeunesse, la Fille du Gondolier, l'Amour a la Campagne, etc.

## LA REINE DE PARIS
par THÉODORE ANNE, auteur de le Masque d'Acier, la Folle de Savenay.

## LES RUINES DE PARIS
par CHARLES MONSELET, auteur de la Franc-Maçonnerie des Femmes, les Folies d'un grand Seigneur.

## NENA-SAHIB
par CLÉMENCE ROBERT, auteur de la Tour Saint Jacques, les Anges de Paris, les Deux Sœurs de Charité, le Fou de la Bastide

## LA ROSE BLANCHE
par AUG. MAQUET, aut. l'Envers et l'Endroit, les Dettes de Cœur, la Maison du Baigneur, la Belle Gabrielle, la Cte de Lavernie, etc.

## LA DAME AU GANT NOIR
par le Vicomte PONSON DU TERRAIL, auteur de les Drames de Paris, les Spadassins de l'Opéra, la Belle Provençale, etc., etc.

Paris. — Imprimerie de P.-A. BOURDIER et Ce, rue Mazarine, 30.

www.ingramcontent.com/pod-product-compliance
Lightning Source LLC
Chambersburg PA
CBHW071329150426
43191CB00007B/675